Progresser
À PAS DE géant

Catalogage avant publication de Bibliothèque et Archives Canada

Robbins, Anthony

Progresser à pas de géant : de petits changements, une grande différence
Édition revue et augmentée

(Collection Motivation et épanouissement personnel)

Traduction de : Giant steps.

ISBN-13 : 978-2-89225-626-0
ISBN-10 : 2-89225-626-7

1. Succès - Aspect psychologique. 2. Changement (Psychologie). I. Titre. II. Collection.

BF637.S8R6214 2006 158.1 C2006-941495-5

Adresse municipale :
Les éditions Un monde différent
3905, rue Isabelle, bureau 101
Brossard, (Québec), Canada
J4Y 2R2
Tél. : 450 656-2660
Site Internet : http://www.unmondedifferent.com
Courriel : info@umd.ca

Adresse postale :
Les éditions Un monde différent
C.P. 51546
Succ. Galeries Taschereau
Greenfield Park (Québec)
J4V 3N8

Cet ouvrage a été publié en langue anglaise sous le titre original :
GIANTS STEPS, SMALL CHANGES TO MAKE A BIG DIFFERENCE
Published by Fireside, Rockefeller Center,
1230, Avenue of the Americas, New York, New York 10020
Fireside and colophon are registered trademarks of Simon Schuster Inc., Edited by Just Write

Dépôts légaux : 3e trimestre 2006
Bibliothèque nationale du Québec
Bibliothèque nationale du Canada
Bibliothèque nationale de France

Conception graphique de la couverture :
OLIVIER LASSER

Version française :
JEAN-PIERRE MANSEAU

Photocomposition et mise en pages :
ANDRÉA JOSEPH [PageXpress]

Typographie : Granjon 12,6 sur 13,6 pts

Édition revue et augmentée

ISBN 978-2-89225-626-0 (2e édition, 2006)
ISBN 2-89225-306-3 (1re édition, 1997)
(Édition originale : ISBN 0-671-89104-9 Fireside, New York)

Nous reconnaissons l'aide financière du gouvernement du Canada par l'entremise du Programme d'aide au développement de l'industrie de l'édition pour nos activités d'édition (PADIÉ).

Gouvernement du Québec – Programme de crédit d'impôt pour l'édition de livres – Gestion SODEC.

Imprimé au Canada

Anthony Robbins

Progresser à pas de géant

365 messages quotidiens de maîtrise de soi

UN MONDE DIFFÉRENT

Table des matières

Introduction 9

Section 1:
RÊVER SON DESTIN
La prise de décisions et la planification des objectifs 11

Section 2:
COMMENT OBTENIR CE QUE VOUS DÉSIREZ RÉELLEMENT
La souffrance, le plaisir et l'état mental 29

Section 3:
LE POUVOIR DE CRÉER, LE POUVOIR DE DÉTRUIRE
Les croyances 47

Section 4:
LES QUESTIONS RENFERMENT LA RÉPONSE
Les questions 69

Section 5:
DEVENEZ UN SPÉCIALISTE DU CHANGEMENT
La science du conditionnement axé sur la réussite 87

Section 6:
LE VOCABULAIRE DE LA RÉUSSITE
Le pouvoir du vocabulaire transformationnel et des métaphores globales 109

Section 7:
COMMENT UTILISER VOS SIGNAUX D'ACTION
Les émotions 129

Section 8:
RELEVEZ LE DÉFI MENTAL DE 10 JOURS
Le défi mental et le système central d'évaluation 149

Section 9:
VOTRE BOUSSOLE PERSONNELLE
Les valeurs et les règles 169

Section 10:
LE SECRET POUR MENER UNE VIE PLUS PASSIONNANTE
L'identité et les références 189

Section 11:
LA SYNTHÈSE GLOBALE
La santé, les finances, les relations et le code de conduite 207

Section 12:
LE CADEAU LE PLUS PRÉCIEUX
Le sens de l'engagement social 225

Quelques mots au sujet des entreprises Anthony Robbins 240

PROGRESSER
À PAS DE GÉANT

Introduction

Chère lectrice,
Cher lecteur,

Bienvenue à vous ! Qui que vous soyez, quels que soient les succès que vous ayez déjà remportés dans la vie et quels que soient les défis que vous releviez à présent, je sais que **c'est votre désir d'obtenir des résultats qui vous portent à vous procurer ce livre.** En tant que compagnon de voyage, au cours de cet étonnant périple appelé la vie, je vous rends hommage pour votre détermination et l'engagement dont vous faites preuve. Si vous « jouez le jeu à fond » avec moi au cours des pages suivantes, je vous promets que vous trouverez satisfaction au-delà de toute attente.

Progresser à pas de géant repose sur les meilleurs principes, techniques, et stratégies que j'ai offerts dans mon premier best-seller, *L'Éveil de votre puissance intérieure.* J'avais deux objectifs précis à l'esprit quand j'ai écrit *Progresser à pas de géant.* Tout d'abord, je voulais être une source d'inspiration pour vous, et en second lieu, je souhaitais canaliser cette énergie de façon à obtenir des résultats quantifiables, en vous poussant à poser des gestes simples en conformité avec ses principes. La synergie de cette inspiration quotidienne et de cette démarche simple vous permettra de faire des pas de géant et d'améliorer considérablement votre qualité de vie.

Ce guide est conçu de façon à ce que vous puissiez facilement l'intégrer dans votre style de vie dynamique, et il vous aidera à convertir ces philosophies, stratégies et techniques en concepts simples que vous pourrez assimiler en quelques minutes, chaque jour. Vous découvrirez une vaste gamme d'outils, allant du pouvoir que confère la prise de décisions, cette étape fondamentale pour effectuer des changements dans votre vie, à des outils plus précis qui vous permettront de rehausser la qualité de vos relations, d'améliorer l'état de vos finances, de votre santé, et de parvenir à un équilibre affectif.

Servez-vous de *Progresser à pas de géant* pour y puiser de l'inspiration. Ce livre vous motivera à passer à l'action. Employez la stratégie qui vous semblera la meilleure : faites une lecture dans l'ordre logique (la méthode optimale) ou sautez d'une section à l'autre pour découvrir les passages qui vous semblent les plus utiles. Mon objectif est de vous aider à obtenir les meilleurs résultats possible tout en investissant un minimum de temps, et de vous donner cependant suffisamment d'information pour vous permettre d'effectuer ce travail intérieur pendant toute une année.

Surtout, je vous invite et je vous mets au défi de passer immédiatement à l'action et de mettre en pratique ce que vous lirez. **Après tout, à quoi sert l'inspiration si elle ne se traduit pas par des actes ?**

Je vous remercie du cadeau que vous me faites en me permettant de partager ces connaissances avec vous. J'espère que vous trouverez quelque chose en lisant ces pages qui vous motivera particulièrement, qu'il s'agisse d'une simple phrase, d'une pensée qui saura vous mobiliser ou d'une idée vraiment puissante et intéressante. Si tel est le cas, je m'en estimerai très heureux.

Je souhaite faire un jour votre connaissance en personne. En attendant, n'oubliez pas de vivre avec passion !

ANTHONY ROBBINS

Section 1

RÊVER SON DESTIN

LA PRISE DE DÉCISIONS ET LA PLANIFICATION DES OBJECTIFS

« *Tout ce qui se produit commence par un rêve.* »
CARL SANDBURG

1

Chacun de nous caresse des rêves. Nous souhaitons tous croire au tréfonds de notre âme que nous possédons un don spécial, que nous pouvons faire notre part, que nous pouvons avoir une influence bénéfique sur les autres, et améliorer ainsi le sort du monde.

Quelle est l'une de vos aspirations ? Il s'agit peut-être d'un rêve que vous avez oublié ou auquel vous êtes sur le point de renoncer. Si vous cultiviez cette vision aujourd'hui, qu'en serait-il de votre vie ?

Accordez-vous dès maintenant quelques moments pour rêver et pour penser à ce que vous voulez réellement faire de votre vie.

2

Ce n'est pas ce que nous faisons de temps à autre qui compte, mais plutôt les gestes que nous posons tous les jours. Quelle est la source de tous nos actes ? Qu'est-ce qui détermine fondamentalement le genre de personne que nous devenons et la direction que nous donnons à notre vie ? La réponse est nos décisions.

C'est dans de tels moments que nous façonnons notre destin. Je suis convaincu que plus que tout autre facteur, **nos décisions, et non pas les circonstances de notre vie, déterminent notre destinée.**

3

Qui aurait pu penser que les convictions d'un homme effacé et tranquille, avocat de carrière et pacifiste par principe, auraient le pouvoir de provoquer le déclin d'un vaste empire ? Néanmoins, la décision qu'a prise le mahatma Gandhi, convaincu que la non-violence était la meilleure façon d'aider le peuple de l'Inde à reprendre le pouvoir dans son propre pays, a déclenché une série d'événements inattendus.

Prenez conscience de la puissance que revêt une décision quand elle se traduit immédiatement en actes auxquels s'allie une conviction profonde. Le secret est de s'engager publiquement, investi d'une conviction tellement intense, qu'il est impossible de faire marche arrière. Nombreux furent-ils à penser que le rêve de Mohandas Gandhi était irréalisable, mais l'intensité de son engagement était telle qu'il fit de son rêve une réalité indéniable.

Que pourriez-vous accomplir à votre tour si vous réussissiez à éveiller en vous une passion, une conviction et une décision d'agir aussi puissantes qui mettraient en branle une force irrésistible ?

4

Nous sommes tous dotés de ressources innées qui nous permettent d'accomplir tout ce dont nous avons jamais rêvé, et même plus. **Les écluses peuvent s'ouvrir par suite d'une seule décision qui se traduira par de la joie ou de la tristesse, par la prospérité ou la pauvreté, par la camaraderie ou la solitude, par une longue vie ou par une mort prématurée.**

Je vous mets au défi de prendre dès aujourd'hui une décision qui puisse immédiatement changer le cours de votre vie ou en améliorer la qualité. Faites quelque chose que vous avez souvent remis à plus tard. Décidez d'acquérir de nouvelles habiletés. Dès aujourd'hui, traitez les autres respectueusement, sachez faire preuve de compassion. Téléphonez à quelqu'un à qui vous n'avez pas parlé depuis des années. Prenez conscience du fait que toutes les décisions entraînent des conséquences. Le fait même de ne prendre aucune décision est une décision en soi.

Quelles décisions avez-vous prises ou n'avez-vous pas su prendre par le passé, qui influencent grandement votre vie aujourd'hui ?

5

En 1955, Rosa Parks prit la décision de contester une loi injuste et discriminatoire pour sa race qui l'obligeait à laisser son siège à un Blanc dans l'autobus. Son refus de céder sa place eut des répercussions surprenantes, bien au-delà de tout ce qu'elle aurait pu penser sur le moment.

Était-ce son intention de changer la structure d'une société ? **Peu importe son but, mais sa façon de s'engager à se fixer des critères plus élevés la poussa à agir.**

Réfléchissez aux effets à long terme que vous pourriez déclencher en vous fixant des critères plus élevés, en prenant une décision mûrement réfléchie, et en vous y tenant dès aujourd'hui.

6

Nous avons tous entendu parler de gens qui ont su dépasser les limites que leur imposaient leurs circonstances et qui sont devenus des exemples inoubliables du pouvoir illimité de l'esprit.

Nous pouvons, vous et moi, transformer nos vies en l'une de ces légendes inspiratrices, en ayant simplement du courage et en prenant conscience du fait que nous pouvons exercer un contrôle sur tout ce qui se produit dans notre vie. Même si nous n'avons pas toujours d'emprise sur les événements, nous pouvons toujours maîtriser notre réaction à l'issue de ces événements, ainsi que les gestes que nous posons par la suite.

Si vous êtes insatisfait d'un aspect quelconque de votre vie, de vos relations, de votre état de santé, de votre carrière, *prenez maintenant la décision d'élaborer une stratégie pour effectuer immédiatement les changements qui s'imposent.*

7

Plus vous prendrez de décisions, plus votre capacité de prise de décisions s'en trouvera améliorée. Les muscles se fortifient lorsqu'on les utilise et il en est de même en ce qui a trait à vos muscles décisionnels, vos facultés de décision.

Prenez dès aujourd'hui deux décisions que vous avez remises à plus tard. Une décision facile et une décision qui aura des effets à plus long terme. Posez immédiatement le premier geste qui vous permettra d'atteindre chacun de ces objectifs et continuez sur votre lancée en faisant un pas de plus demain.

Ce faisant, vous renforcerez les muscles qui peuvent changer le cours de votre existence.

8

Nous devons nous engager à tirer une leçon de nos erreurs au lieu de nous faire des reproches incessants, sans quoi nous sommes destinés à répéter les mêmes erreurs à l'avenir. Lorsque vous traversez des difficultés passagères, rappelez-vous qu'il n'y a pas d'échecs dans la vie, il n'y a que des résultats. Pensez à l'adage suivant :

> **« Le succès est le fruit d'un bon jugement,**
> **le bon jugement est le fruit de l'expérience,**
> **et l'expérience est souvent**
> **le fruit d'un mauvais jugement ! »**

Avez-vous tiré une leçon de vos erreurs passées qui peut vous être utile pour améliorer votre vie aujourd'hui ?

9

Le succès et l'échec ne sont généralement pas le résultat d'un seul événement. L'échec se produit lorsqu'on néglige de faire un appel important, de redoubler d'efforts, de dire : « Je t'aime ».

De même que l'échec est la conséquence de cette série de petites décisions, le succès est le fruit de l'initiative et du suivi, de la persistance et de l'expression éloquente de la profondeur de votre amour.

Quel geste simple pourriez-vous poser aujourd'hui pour donner ainsi un nouvel élan à vos projets et vous mener à la réussite ?

10

Les recherches démontrent de façon concluante que **ceux qui réussissent ont tendance à prendre des décisions rapidement** et changent rarement d'avis lorsque leur décision est le fruit d'une mûre réflexion.

Par ailleurs, ceux qui échouent ont tendance à prendre des décisions lentement et à changer fréquemment d'opinion.

Une fois votre ferme décision prise, ne changez pas de cap !

11

Il a passé presque la moitié de sa vie dans un poumon d'acier et l'autre moitié en fauteuil roulant. Compte tenu des nombreux défis personnels que cet homme avait lui-même à relever, il aurait certainement pu s'exempter de vouloir améliorer la qualité de vie des autres, n'est-ce pas ?

Ed Roberts personnifie la puissance d'une véritable décision et d'un engagement profond. Il fut le premier tétraplégique qui reçut un diplôme de l'Université de Californie, à Berkeley, et qui fut nommé directeur du service de rééducation de l'État de Californie. Infatigable défenseur des personnes handicapées, il a fait des pressions sur le gouvernement pour assurer le droit d'accès à toutes les personnes souffrant d'un handicap physique, et il a découvert des façons innovatrices de faire respecter ces lois.

Ne cherchez pas de prétexte. *Prenez dès à présent trois décisions qui auront un impact favorable sur votre santé, votre carrière, vos relations, votre vie, et passez à l'action dès maintenant.*

12

Comment transformer l'invisible en visible ? La première étape est de définir votre rêve avec précision ; **la seule limite à ce que vous pouvez réaliser est votre capacité de définir précisément ce que vous désirez.**

Commencez dès maintenant à cristalliser vos rêves et, au cours des prochaines journées, établissez un plan qui vous permettra de les concrétiser.

13

Que nous en soyons conscients ou non, nous avons tous des objectifs. Quels qu'ils soient, ils ont un effet considérable sur notre vie. Et pourtant, certains de ces objectifs, tels que : « Il faut que je paie ces factures de malheur », ne sont guère une source d'inspiration. **Le secret qui vous permettra d'exploiter votre véritable pouvoir intérieur est de vous fixer des objectifs qui vous stimulent suffisamment et qui éveillent votre créativité et votre passion.**

Dès maintenant, choisissez consciemment vos objectifs. Accordez-vous de longues périodes de réflexion et dressez une liste de tous les objectifs que vous désirez atteindre. Choisissez ensuite l'objectif qui vous stimule le plus, quelque chose qui vous poussera à vous lever tôt le matin et à travailler tard le soir. Fixez-vous des délais, puis écrivez un paragraphe expliquant les raisons pour lesquelles vous devez absolument atteindre votre objectif dans ces délais.

Est-ce un but réellement passionnant ? Représente-t-il un défi à vos yeux ? Vaut-il la peine que vous donniez votre pleine mesure ? Que vous découvriez votre véritable potentiel ?

14

Avez-vous déjà fait l'achat d'un nouvel ensemble ou d'une nouvelle voiture, pour vous rendre compte ensuite que vous remarquez partout le même modèle de vêtement ou d'automobile ? Ces vêtements et ces voitures existaient déjà auparavant. Pourquoi ne les aviez-vous jamais remarqués ? Tout simplement parce qu'une partie de votre cerveau se charge de filtrer toutes les informations et ne laisse passer que celles qui sont essentielles à votre survie et à votre réussite.

Vous ne prenez jamais conscience d'une grande partie des informations qui pourraient vous aider à réaliser vos rêves ou vous ne

les utilisez pas, pour la simple raison que vous n'avez pas défini vos objectifs (c'est-à-dire que vous n'avez pas enseigné à votre cerveau à remarquer ce qui est important) avec suffisamment de précision.

Une fois que vous aurez appris à votre cerveau à raffiner sa faculté de perception, vous aurez déclenché votre système réticulé activateur (SRA). Cette partie de votre cerveau agit comme un aimant et attire votre attention sur toutes les informations et les occasions qui peuvent vous aider à réaliser vos objectifs plus rapidement. Le fait d'allumer ce puissant interrupteur neurologique peut littéralement transformer votre vie en quelques jours, ou quelques semaines.

15

VOICI DES LIGNES DIRECTRICES POUR VOUS FIXER DES OBJECTIFS (Programmation de votre SRA)

1) Prenez dès maintenant l'engagement de passer dix minutes par jour à vous fixer des objectifs, pendant les quatre journées suivantes. Conservez un dossier permanent de ces objectifs dans un journal à couverture rigide.

2) Au fur et à mesure que vous établissez vos objectifs, posez-vous constamment les questions suivantes: *« Quel genre de vie est-ce que je souhaiterais avoir si je savais que je peux obtenir tout ce que je veux? Qu'est-ce que je ferais si j'étais absolument certain de ne pas échouer? »*

3) Amusez-vous! Imaginez que vous êtes redevenu un enfant. C'est la veille de Noël. Vous vous trouvez dans un grand magasin et vous êtes sur le point de vous asseoir sur les genoux du père Noël. Vous souvenez-vous de cette époque? Dans cet état d'impatience fébrile, rien ne semble trop beau, rien ne coûte trop cher, tout est à votre portée...

16

PREMIÈRE JOURNÉE : OBJECTIFS AXÉS SUR LE PERFECTIONNEMENT DE SOI

Votre sentiment de bien-être et d'épanouissement est la base même de toutes vos autres réalisations.

1) Accordez-vous cinq minutes de réflexion intense : *Qu'aimeriez-vous apprendre ? Quelles habiletés souhaiteriez-vous acquérir ? Quels traits de caractère voudriez-vous posséder ? Qui seraient vos amis ? Qui seriez-vous ?*

2) Fixez-vous des délais pour atteindre chacun de vos objectifs (six mois, un an, cinq ans, dix ans, vingt ans).

3) Décidez de l'objectif que vous souhaiteriez avoir atteint dans un an.

4) Prenez deux minutes pour rédiger un bref paragraphe expliquant pourquoi vous vous engagez coûte que coûte à atteindre cet objectif d'ici un an.

17

DEUXIÈME JOURNÉE : OBJECTIFS AYANT TRAIT À VOTRE CARRIÈRE, AUX AFFAIRES ET À VOTRE SITUATION FINANCIÈRE

Que vous aspiriez à réussir brillamment dans votre profession et à amasser des millions ou à devenir un érudit, voilà maintenant l'occasion de mettre toutes les chances de votre côté.

1) Accordez-vous cinq minutes pour passer en revue toutes les possibilités : *Combien d'argent désirez-vous accumuler ? Quels objectifs souhaitez-vous atteindre en ce qui a trait à votre carrière, votre*

entreprise ? Combien d'argent voulez-vous gagner par année ? Quelles décisions devez-vous prendre sur le plan financier ?

2) Fixez-vous des délais pour atteindre chacun de vos objectifs (six mois, un an, cinq ans, dix ans, vingt ans).

3) Décidez de l'objectif principal que vous souhaitez avoir atteint dans un an.

4) Prenez deux minutes pour rédiger un bref paragraphe expliquant pourquoi vous vous engagez coûte que coûte à atteindre cet objectif en un an.

18

TROISIÈME JOURNÉE : OBJECTIFS AXÉS SUR LE JEU ET L'AVENTURE

Si vous n'aviez aucune contrainte financière, quelles seraient certaines des choses que vous aimeriez posséder ou faire ? À quels événements aimeriez-vous assister ? Si un djinn (bon génie) se trouvait devant vous, prêt à exaucer tous vos souhaits, que lui demanderiez-vous ?

1) Accordez-vous cinq minutes pour passer en revue toutes les possibilités : *Qu'aimeriez-vous construire ou acheter ? À quels événements aimeriez-vous assister ? Quelles aventures voudriez-vous connaître ?*

2) Fixez-vous des délais pour atteindre chacun de vos objectifs (six mois, un an, cinq ans, dix ans, vingt ans).

3) Décidez de l'objectif principal que vous souhaitez avoir atteint dans un an.

4) Prenez deux minutes pour rédiger un bref paragraphe expliquant pourquoi vous vous engagez coûte que coûte à atteindre cet objectif d'ici un an.

19

QUATRIÈME JOURNÉE : OBJECTIFS AXÉS SUR LA PARTICIPATION

Voici votre chance de vous faire une réputation, de laisser un héritage derrière vous, de faire vraiment avancer les choses sur le plan social.

1) Accordez-vous cinq minutes d'intense réflexion : Quel rôle pouvez-vous jouer ? Qui pouvez-vous aider ou quelle cause pouvez-vous défendre ? Que pouvez-vous créer ?

2) Fixez-vous des délais pour atteindre chacun de vos objectifs (six mois, un an, cinq ans, dix ans, vingt ans).

3) Décidez de l'objectif principal que vous souhaitez avoir atteint dans un an.

4) Prenez deux minutes pour rédiger un bref paragraphe expliquant pourquoi vous vous engagez coûte que coûte à atteindre cet objectif d'ici un an.

20

Ne cessez jamais de penser à un objectif sans vous être fixé auparavant un plan précis pour l'atteindre. Dès maintenant, accordez-vous quelques moments de réflexion pour définir les premières étapes à franchir pour parvenir à votre but. **Que pouvez-vous faire aujourd'hui pour progresser ?** Même la plus petite démarche, un appel téléphonique, un rendez-vous, l'élaboration d'un plan, cela vous rapprochera de votre objectif.

Dressez ensuite une liste de choses simples que vous pouvez accomplir chaque jour, au cours des dix prochaines journées. Ces dix journées consacrées à la création d'une série d'habitudes vous permettront de prendre un élan formidable qui assurera votre succès à long terme. Commencez dès à présent !

21

Quelle perception auriez-vous de vous-même si vous aviez atteint tous vos objectifs dans un an ? Quelle perception auriez-vous alors de votre vie ? Le fait de répondre à ces questions vous aidera à renforcer votre détermination et à atteindre votre but. **Si votre motivation est assez forte, vous trouverez le moyen de mettre votre plan à exécution.**

Saisissez cette occasion de passer en revue les quatre principaux buts que vous voulez atteindre dans un an. Sous chacun de ces objectifs, rédigez un paragraphe expliquant pourquoi vous vous engagez coûte que coûte à atteindre cet objectif au cours de l'année.

22

Le secret pour atteindre vos objectifs, c'est le conditionnement mental. Passez en revue vos objectifs au moins deux fois par jour. *Inscrivez-les sur une feuille de papier que vous accrocherez à un endroit où vous êtes sûr de la voir chaque jour :* dans votre journal, sur votre bureau, dans votre portefeuille ou au-dessus du miroir de la salle de bains, de façon à ce que vous ayez vos objectifs sous les yeux pendant que vous vous rasez ou que vous vous maquillez.

N'oubliez pas que, chaque fois que vous concentrez votre attention sur un objectif, vous vous en rapprochez. C'est là une façon simple mais efficace de programmer votre système réticulé activateur pour réussir.

23

Si vos premiers efforts visant à atteindre vos objectifs vous semblent infructueux, faut-il passer à autre chose ? Certainement pas !

La persévérance est encore plus importante que le talent. C'est notre ressource la plus précieuse et elle détermine notre qualité de vie. Après tout, personne n'a jamais atteint ses objectifs en s'y intéressant; il faut s'y engager. **N'est-il pas vraisemblable que les « échecs » à court terme vous donneront l'intuition nécessaire pour réussir de façon plus brillante à l'avenir ?** Cela va de soi !

Lorsque vous vous penchez après coup sur vos efforts « infructueux », quelle leçon en tirez-vous ? Maintenant que vous avez un aperçu plus clair des événements passés, comment pouvez-vous employer votre perspicacité pour réussir de façon encore plus brillante, maintenant et à l'avenir ?

24

Tous ceux qui ont réussi emploient consciemment ou inconsciemment la même formule. *Voici une démarche simple à suivre, en quatre étapes, qui vous permettra de réaliser tout ce que vous voulez.*

LA FORMULE CONDUISANT AU SUCCÈS

1) Décidez ce que vous voulez. Soyez précis ! La lucidité est un outil très efficace.

2) Passez à l'action (car le désir n'est pas suffisant) !

3) Prenez note de ce qui fonctionne et de ce qui ne marche pas. Il est inutile de continuer à dépenser de l'énergie en employant une méthode qui ne donne pas de résultats.

4) Modifiez votre stratégie jusqu'à ce que vous ayez obtenu ce que vous voulez. La flexibilité vous donne le pouvoir de créer une nouvelle approche et d'obtenir un nouveau résultat.

25

Lorsque nous poursuivons nos objectifs, nous déclenchons souvent des conséquences à long terme. Est-ce que l'abeille réfléchit à la façon de féconder les fleurs ? Non, mais au cours du processus qui l'amène à butiner le doux nectar des fleurs, l'abeille, sans le savoir, charge ses pattes de pollen, s'envole, se pose sur la fleur suivante, et déclenche une série de réactions absolument miraculeuses qui donnent naissance à de magnifiques champs de fleurs aux riches couleurs, perchés sur le flanc des collines.

De même, lorsque vous déciderez d'atteindre des objectifs importants, cela se traduira probablement par des avantages imprévus pour les autres. Peut-être que la simple décision de téléphoner à un vieil ami une fois par mois a mis en branle une série d'événements positifs que vous n'aviez pas du tout prévus.

De combien de façons les autres profiteront-ils de vos efforts actuels ?

26

Tandis que vous poursuivez vos objectifs, vous évoluez sur le plan personnel. Telle est la véritable raison d'être d'un objectif. **Votre croissance personnelle constitue l'ultime récompense.**

Prenez quelques moments pour rédiger un bref paragraphe et décrivez tous les traits de caractère, les habiletés, les capacités, les attitudes et les croyances qu'il vous faut acquérir pour atteindre tous vos objectifs.

27

Ne remettez pas votre joie et votre bonheur à plus tard. Nombreux sont ceux qui croient que de se fixer des objectifs signifie qu'ils ne pourront profiter de la vie que le jour où ils auront finalement réalisé quelque chose d'extraordinaire. **Il existe une grande différence entre réussir pour être heureux et être heureux tout en réussissant.** Efforcez-vous de vivre pleinement chaque journée et profitez au maximum de chaque moment.

Au lieu d'évaluer votre qualité de vie en fonction des progrès que vous faites pour atteindre votre objectif principal, rappelez-vous que la direction que vous suivez est plus importante que les résultats temporaires que vous obtenez.

Quelle direction suivez-vous en ce moment ? Vous rapprochez-vous de vos objectifs ou vous en éloignez-vous ? Vous faut-il rectifier le cap ? Profitez-vous pleinement de la vie ? *Sinon, modifiez immédiatement vos plans en conséquence.*

28

Combien de fois avez-vous entendu les gens se plaindre autour de vous en disant : « C'est ça la vie ? »

Les astronautes qui se trouvaient à bord de la fusée Apollo se sont préparés toute leur vie durant pour alunir. Lorsque ce moment de gloire est arrivé, ils se sont sentis euphoriques ; pourtant, de retour sur terre, certains d'entre eux furent extrêmement déprimés. Après avoir vécu une telle expérience, que pouvait-il encore attendre de la vie ? Quel but pourrait-il être aussi important que d'aller sur la Lune et d'explorer l'espace ? La réponse se trouve peut-être dans l'exploration de frontières tout aussi mal connues: l'espace intérieur de l'esprit et du cœur.

Nous avons tous besoin de sentir que nous évoluons constamment sur le plan affectif et spirituel; c'est ce qui nourrit notre âme. Au fur et à mesure que vous vous rapprochez des objectifs que vous poursuivez, dressez immédiatement de nouveaux plans stimulants pour l'avenir.

29

Quel est le but ultime de la vie? C'est peut-être d'aspirer à faire sa part et à améliorer le sort de l'humanité. **Trouver une façon d'aider les autres, ceux que nous aimons profondément, peut être une source d'inspiration durant une vie entière.** Il y a toujours de la place pour ceux qui sont prêts à donner de leur temps, de leur énergie, de leur capital, de leur créativité et de leur enthousiasme.

De quel acte de bonté pourriez-vous faire profiter quelqu'un aujourd'hui? Décidez dès maintenant, passez à l'action et prenez conscience des sentiments que cela suscite en vous.

30

Le vénérable acteur George Burns comprend l'importance d'avoir des objectifs stimulants. Il a résumé ainsi sa philosophie de la vie: «Il faut avoir une raison de se lever le matin. De toute façon, je ne peux rien accomplir au lit. **Le principal, c'est d'avoir un but, une direction.**»

Même âgé de plus de quatre-vingt-dix ans, George Burns continuait d'affiner ses facultés mentales, acceptait toujours des projets de films et des projets télévisés, et s'était engagé à donner une représentation au Palladium de Londres en l'an 2000, alors qu'il aurait été âgé de cent quatre ans ! C'était vraiment remarquable de voir cet homme se bâtir un avenir passionnant ?[1]

La plupart des gens surestiment ce qu'ils peuvent faire en un an et sous-estiment ce qu'ils peuvent accomplir en une décennie. *Que serez-vous en train de faire dans dix ans ?*

31

Pensez à quelque chose qui vous apporte actuellement une grande satisfaction, mais qui n'était qu'un objectif par le passé. Vous avez dû surmonter de nombreux obstacles pour atteindre cet objectif et pourtant, il fait maintenant partie de votre vie. Au fur et à mesure que vous cherchez à réaliser vos nouveaux rêves et que vous trouvez des obstacles sur votre chemin, n'oubliez pas ceci : vous êtes déjà passé par là, et vous avez réussi !

Le courage de l'être humain est absolument invincible. Le désir de gagner, de réussir, de façonner sa vie, de maîtriser ses circonstances, peut être canalisé quand vous décidez ce que vous voulez vraiment, que vous avez la conviction d'être en mesure de relever tous les défis, et qu'aucun problème ni aucun obstacle ne peut vous empêcher de parvenir à votre but.

Les obstacles ne sont qu'une façon de renforcer votre détermination d'atteindre les objectifs qui vous tiennent à cœur.

1. Note de l'éditeur: La vie en a décidé autrement puisque cet extraordinaire acteur est décédé depuis, à l'âge de cent ans.

Section 2

COMMENT OBTENIR CE QUE VOUS DÉSIREZ RÉELLEMENT

LA SOUFFRANCE, LE PLAISIR ET L'ÉTAT MENTAL

•

« Tous les grands moments dans l'histoire du monde sont attribuables au triomphe de l'enthousiasme. »
RALPH WALDO EMERSON

32

Pour obtenir ce que vous désirez, vous devez tout d'abord découvrir ce qui vous empêche de passer à l'action. Pensez à quelque chose que vous avez évité de faire jusqu'à la dernière minute: votre déclaration de revenus, par exemple. N'est-il pas vrai que vous avez constamment remis cette tâche à plus tard tout simplement pour éviter l'irritation du moment, laquelle n'a fait que s'intensifier par la suite ?

Mais que se produit-il le jour ultime de l'envoi de cette déclaration ? Notre habitude de remettre les choses à plus tard disparaît parce que nous changeons rapidement d'avis (d'associations mentales) à propos de ce qui nous occasionnera de la souffrance ou du plaisir. Soudain, le fait de ne pas agir se traduit par une douleur beaucoup plus grande que le fait d'agir.

Comment pouvez-vous utiliser ce principe pour modifier votre vie ? À l'avenir, au lieu de vous poser la question suivante: *« Comment puis-je éviter de faire cette tâche désagréable qui suscitera en moi de la souffrance ? »*, demandez-vous plutôt: *« Si je n'agis pas dès maintenant, quelles seront les conséquences à long terme ? »*

La souffrance peut être votre alliée si vous savez l'utiliser de façon efficace.

33

L'être humain n'est-il qu'un simple animal qui réagit aux punitions et aux récompenses, tout comme le chien d'Ivan Petrovitch Pavlov ? Certainement pas. **L'un des miracles du cerveau humain est que nous pouvons décider ce qui nous cause de la souffrance et du plaisir.** Quelqu'un qui décide de faire la grève de la faim peut souffrir sur le plan physique, mais trouver cette expérience gratifiante sur le plan mental en se concentrant sur l'effet positif de ses actes, lesquels attirent l'attention du public sur une cause noble.

Chacun d'entre nous a ce pouvoir de choisir. Le secret de la réussite est d'apprendre à utiliser la souffrance et le plaisir à notre avantage.

Existe-t-il un aspect de votre vie qui vous cause inutilement de la souffrance? Peut-être réagissez-vous au lieu de choisir délibérément. Comment pourriez-vous changer votre centre d'attention et transformer un événement apparemment douloureux en une occasion agréable d'apprendre, d'évoluer ou d'aider les autres ?

34

Les stimuli auxquels vous associez la souffrance ou le plaisir façonnent votre destin. Nous avons tous appris et adopté une structure de comportements qui nous est propre afin d'éviter la souffrance et de trouver le plaisir. Certains éprouvent du plaisir à boire, à fumer, à trop manger ou à injurier les autres. D'autres éprouvent du plaisir à faire de l'exercice, à converser, à s'instruire, à aider les autres ou à faire avancer les choses.

Quelles sont les structures de comportement qui vous poussent à éviter la souffrance et à chercher le plaisir? Comment ces structures ont-elles façonné votre vie jusqu'à présent? Dressez une liste de ces stratégies. Lorsque vous voulez vous sentir de meilleure humeur, regardez-vous la télévision ou allumez-vous une cigarette? Allez-vous vous coucher? Inscrivez sur une feuille de papier des façons plus positives d'éviter la souffrance et de chercher le plaisir.

35

Chez la plupart des gens, la peur de perdre est de loin supérieure au désir de gagner. **La plupart des gens sont disposés à travailler beaucoup plus dur pour garder leurs biens que pour prendre les risques nécessaires afin de réaliser leurs rêves.**

Qu'est-ce qui vous motiverait davantage : empêcher quelqu'un de voler cent mille dollars que vous avez gagnés au cours des derniers cinq ans ou profiter d'une occasion de gagner cent mille dollars au cours des cinq années à venir ?

36

Lorsque nous voyons les autres faire preuve de grandeur d'âme ou accomplir des projets grandioses, nous supposons qu'ils ont plus de chance que nous ou que Dieu les a bénis en les dotant de talents particuliers. **En réalité, ils ont fait appel à des ressources humaines profondément enfouies en eux, simplement parce qu'à leurs yeux, la plus grande souffrance serait de ne pas s'investir ni donner de leur personne ni partager avec les autres.**

À preuve, le comportement altruiste de Mère Teresa est motivé par le rapport évident qu'elle a établi entre la douleur d'autrui et la sienne. Cela la pousse à aider quiconque souffre, partout dans le monde. Son plaisir suprême est de soulager leur douleur. Mais comme nous le découvrirons plus tard, cela n'a pas toujours été le cas.

Qu'est-ce qui vous cause le plus de souffrance et qu'est-ce qui vous procure le plus de plaisir ? Comment cela façonne-t-il votre vie actuellement ?

37

Les émotions contradictoires sous-tendent la plupart des structures d'autosabotage et limitent grandement notre capacité de jouir de la vie et de réussir.

Par exemple, on entend souvent les gens dire qu'ils aimeraient gagner plus d'argent. Ils ont certainement l'ingéniosité et l'intelligence de trouver une façon d'y parvenir. Ce qui les arrête, ce sont des émotions ou des associations contradictoires. Ils croient peut-être que la richesse leur apporterait une plus grande liberté, plus de sécurité et leur permettrait d'aider les êtres qui leur sont chers. En même temps, ils associent peut-être le fait d'avoir un « excédent » d'argent au gaspillage, à la superficialité et à la manipulation.

Si vous vous êtes déjà surpris à faire deux pas en avant et un pas en arrière, c'est invariablement attribuable au fait que vous faites des associations contradictoires ; c'est-à-dire que vous associez simultanément la réalisation de vos buts à la souffrance et au plaisir.

Faites-vous des associations contradictoires qui influent sur votre vie ?

38

Y a-t-il un aspect de votre vie que vous aimeriez grandement améliorer, comme votre situation financière ou vos relations, mais quelque chose semble vous retenir ?

Inscrivez votre réponse sur une feuille de papier et tracez une ligne au centre de la page. Du côté gauche, mettez par écrit toutes les émotions négatives que cela suscite en vous et du côté droit, inscrivez toutes les émotions positives.

Évaluez-vous plus de pour que de contre ? Y a-t-il une association négative qui l'emporte sur l'ensemble de toutes les associations positives ? Est-ce que ce déséquilibre reflète les résultats que vous avez obtenus jusqu'à aujourd'hui ?

Une analyse minutieuse peut vous éclairer et vous permettre de vous débarrasser de vos associations négatives. La prise de conscience est la première étape à franchir.

39

Avez-vous déjà senti que, quoi que vous fassiez, cela vous causera de la souffrance ? Par exemple, les gens pensent parfois que, s'ils restent dans une relation, ils se sentiront très malheureux, mais que, s'ils y mettent fin, ils seront seuls et encore plus malheureux. En conséquence, ils ne font rien et se sentent quand même très malheureux.

Au lieu de vous sentir piégé, faites de la souffrance votre plus grande alliée. Pensez aux émotions que vous avez ressenties par le passé et que vous éprouvez à présent. Ressentez la souffrance avec une telle intensité émotionnelle que cela vous donnera finalement la force de passer à l'action. Cela s'appelle atteindre un seuil émotionnel. Au lieu d'attendre passivement que cette émotion inévitable se manifeste, pourquoi ne pas la susciter consciemment et activement de façon à ce que cela vous motive à améliorer votre vie dès aujourd'hui ?

40

La force de volonté ne fonctionne jamais, du moins pas à long terme. N'avez-vous jamais fait l'expérience qui consiste à atteindre un seuil émotionnel, disons avec votre corps, où vous sentiez que vous en aviez marre ? Comment avez-vous réagi ? Peut-être vous êtes-vous refusé certaines choses, en employant la stratégie qui consiste à faire preuve de volonté en se mettant au régime. Mais bien entendu, vous n'avez obtenu que des résultats à court terme parce que se priver de nourriture est toujours douloureux et votre cerveau ne vous permettra pas de ressentir constamment de la douleur lorsqu'il existe une autre possibilité.

Quelle est donc la solution ? Au lieu de lutter contre vos instincts naturels, changez simplement ce que vous associez à la nourriture jusqu'à ce que vous ayez associé de la douleur à cette structure de comportement. Souvenez-vous constamment des sentiments négatifs que vous avez ressentis après avoir commis des excès alimentaires. Faites en sorte que la suralimentation évoque de la douleur, que l'exercice suscite du plaisir, et vous vous sentirez irrésistiblement attiré par le bon choix.

41

L'une de mes définitions de la réussite est de vivre sa vie d'une façon qui permette de ressentir constamment un grand plaisir et très peu de douleur ; et qu'en raison de votre style de vie, votre entourage éprouve constamment beaucoup de plaisir et très peu de douleur. Pour ce faire, **nous devons évoluer et donner de notre personne.**

En vous basant sur cette définition, comment évaluez-vous votre réussite ? Que pourriez-vous faire aujourd'hui pour profiter davantage de la vie ou pour vous montrer encore plus généreux envers ceux qui vous entourent ?

42

La tendance à remettre les choses au lendemain est l'une des façons les plus courantes d'éviter la souffrance. **Mais habituellement, si vous remettez les choses à plus tard, vous ne faites qu'augmenter la souffrance que vous ressentirez par la suite.**

Réfléchissez à quatre sphères d'activité que vous avez négligées et qui exigent votre attention aujourd'hui. Dressez-en une liste, puis répondez aux questions suivantes :

1) Pourquoi n'ai-je pas agi ? Par le passé, quelle souffrance ai-je associée à cela ?

2) Quel plaisir ai-je éprouvé par le passé en me laissant aller à ces comportements négatifs ?

3) Quelles répercussions cela aura-t-il si je ne change pas maintenant ? Quels sentiments cela suscite-t-il en moi ?

4) Quel plaisir éprouverai-je en passant à l'action dès maintenant ?

43

Avez-vous déjà fait quelque chose et pensé par la suite : *« Comment ai-je pu faire cela ? C'était tellement stupide ! »*

Inversement, avez-vous déjà fait quelque chose et pensé par la suite : *« C'est incroyable ! Comment ai-je pu réussir une telle chose ? J'en suis impressionné. »*

Qu'est-ce qui fait la différence entre un acte que l'on se reproche ou un autre que l'on trouve génial ? Il est rare que cela dépende uniquement de vos capacités. C'est plutôt votre état d'esprit ou votre état physique qui détermine votre façon de penser, vos sentiments, votre comportement et vos performances à un moment donné. Si vous découvriez le secret vous permettant de vous mettre volontairement dans un état mental et affectif optimal, vous pourriez littéralement faire des miracles. Dans cet état d'esprit, les idées et les talents se manifestent sans effort apparent.

Que pourriez-vous accomplir si vous vous trouviez tous les jours dans un état optimal ?

44

On nous a tous raconté des fables. On nous a dit qu'un jour, lorsque toutes les circonstances idéales convergeront, nous serons finalement heureux. Le jour où nous trouverons le conjoint idéal..., où nous gagnerons assez d'argent..., quand notre corps sera parfait..., quand nous aurons des enfants..., le jour où nous prendrons finalement notre retraite.

La vérité, c'est que rien de ce que nous obtenons dans la vie ne nous procure de satisfaction durable. Par contre, la clé du bonheur, c'est d'apprendre à changer son état d'esprit à volonté et sur-le-champ. Après tout, pourquoi désirez-vous toutes ces choses ? N'est-ce pas parce que vous êtes convaincu que le conjoint idéal, des enfants, de l'argent, etc., vous apporteront une plus grande satisfaction ? Mais le jour où nous obtenons enfin les choses auxquelles nous aspirions, qu'est-ce qui nous procurera alors une satisfaction renouvelée ? Nous-même. Pourquoi attendre ? Faites-le dès maintenant !

45

Savez-vous comment vous sentir bien à volonté ? Si vous vouliez vous sentir parfaitement heureux, enthousiaste, et même au septième ciel dès maintenant, en seriez-vous capable ? Sans aucun doute ! **Il suffit simplement de changer votre centre d'attention.**

Vous souvenez-vous d'une époque où vous vous sentiez dans une forme éblouissante ? Revivez ce moment en évoquant des détails précis. Écoutez les sons qui vous entouraient. Sentez votre pouls battre de plus en plus rapidement ! Respirez de la façon dont vous respiriez à ce moment-là, affichez la même expression sur votre visage et bougez votre corps exactement comme vous le faisiez à l'époque. Ressentez-vous à nouveau le même genre d'enthousiasme ? *Est-il possible que vous puissiez évoquer ces sentiments à volonté ?*

46

Il y a un nombre infini de façons de percevoir et de vivre tous les événements que la vie nous réserve. Toutes les sensations sont accessibles à tout moment. Tout ce que vous avez besoin de faire, c'est de vous syntoniser sur le bon canal. Comment ? **Voici deux secrets qui vous permettront de modifier instantanément votre état affectif.** Le premier, c'est de changer votre centre d'attention. Pensez à l'un des souvenirs qui vous est le plus cher. Quelle sensation éprouvez-vous en l'évoquant ? Sur quoi d'autre pourriez-vous concentrer votre esprit de façon à vous sentir rempli d'enthousiasme ?

Demain, nous étudierons la seconde façon de modifier instantanément votre état affectif.

47

Changer de centre d'attention n'est qu'une façon de modifier votre état affectif. Une méthode plus rapide et plus efficace est d'utiliser votre corps, c'est-à-dire votre physiologie. Par exemple, lorsque la plupart des gens sont insatisfaits de l'état émotionnel dans lequel ils se trouvent, ils boivent de l'alcool, ils mangent, ils fument, ils dorment ou ils prennent des drogues. Ou bien ils emploient des tactiques plus positives telles que la danse, le chant, l'exercice ou l'amour physique.

Chaque émotion que vous ressentez déclenche des réactions physiologiques précises. Lorsque les gens sont déprimés, quelle posture adoptent-ils ? Leurs épaules sont affaissées, ils ont la tête basse, leur respiration est peu profonde, l'expression de leur visage est morose. Au contraire, lorsque nous nous sentons heureux et de bonne humeur, nous avons les épaules bien droites, nous portons la tête haute et nous respirons à pleins poumons. Nous pouvons consciemment déclencher ces changements physiologiques, ce qui engendre immédiatement l'état affectif désiré.

48

Certaines des méthodes les plus simples peuvent avoir un impact considérable. Si vous voulez acquérir une habitude agréable qui vous sera bénéfique de manière inattendue, essayez donc de faire l'exercice suivant.

Engagez-vous pendant les sept prochains jours à passer une minute devant le miroir à ne rien faire d'autre que d'afficher un grand sourire, et ce, cinq fois par jour. Vous vous sentirez peut-être ridicule au début, mais en répétant cet exercice plusieurs fois par jour, vous stimulerez continuellement votre système nerveux de façon à ce qu'il suscite des sentiments de bonheur, de spontanéité et d'humour. Mais le principal, c'est que vous vous conditionnerez à évoquer un état agréable et à acquérir l'habitude physique du bonheur. Consacrez quelques moments à cet exercice dès maintenant et rendez-le agréable !

49

L'âge dépend plutôt de notre centre d'attention et de notre état physiologique que du nombre d'années. Bien des gens ont vécu de nombreuses années, mais continuent à marcher d'un pas alerte et à se montrer souples dans leur façon de penser.

Illustrons cette théorie lors d'une journée pluvieuse. Lorsque les gens « raisonnables » voient une flaque d'eau, que font-ils ? Non seulement la contournent-ils, mais ils s'en plaignent en même temps !

Par ailleurs, les enfants, et ceux qui ont encore le cœur jeune, sautent à pieds joints dans la flaque, rient, s'éclaboussent et s'amusent.

Sachez profiter des « flaques d'eau » de la vie. Marchez d'un pas alerte, le visage souriant. Accordez la priorité à la gaieté, à la bonne humeur et à l'espièglerie. Vous êtes vivant ! Vous pouvez vous sentir bien sans aucune raison particulière !

50

L'une des meilleures façons d'enrichir votre vie est d'élargir votre horizon émotif. Combien d'émotions éprouvez-vous au cours d'une semaine normale ? Dressez-en une liste.

Relisez à présent cette liste. Si vous avez inscrit moins d'une douzaine d'émotions, ajoutez celles que vous aimeriez éprouver fréquemment. La plupart des gens ne connaissent qu'une fraction des milliers d'émotions qu'ils pourraient ressentir.

Prenez conscience du fait que vous pouvez élargir votre horizon émotif en changeant volontairement votre centre d'attention et votre état physiologique. Choisissez l'une des émotions positives que vous aimeriez éprouver et, dès à présent, adoptez la posture dans laquelle vous vous trouveriez si vous l'éprouviez déjà. Bougez, faites des gestes et parlez d'un ton de voix qui reflète cette émotion. Profitez du changement immédiat que vous constaterez !

51

Vous êtes-vous déjà trouvé dans une situation où vous vous sentiez profondément accablé ou qui vous rendait fou de colère et de frustration ? Et pourtant, aujourd'hui, bien des années plus tard, vous pouvez évoquer ce moment et rire des choses qui vous affectaient tellement à l'époque. Nous nous sommes tous fait dire, alors que nous passions par un moment désagréable : « Ça va passer. Un jour, cela te semblera insignifiant ». L'un de mes professeurs, le cofondateur du PNL (Programmation neurolinguistique), Richard Bandler, m'a demandé un jour : « Pourquoi attendre ? Pourquoi ne pas en rire dès maintenant ? »

Faites-en l'essai aujourd'hui. Moquez-vous de quelque chose qui vous a semblé incroyablement stressant par le passé. Sentez-vous que vous maîtrisez mieux la situation ?

52

Vous est-il déjà arrivé d'attendre le retour de votre conjoint à une heure précise, mais qu'il soit arrivé en retard ? Peut-être avez-vous supposé que votre conjoint manquait d'égards envers vous et ne se donnait pas la peine d'être ponctuel. Peut-être avez-vous craint qu'il se soit produit un accident sur le chemin du retour à la maison, ou vous vous êtes peut-être imaginé que votre conjoint s'arrêtait quelque part pour vous acheter une surprise.

Notre centre d'attention détermine notre état d'esprit et notre état d'esprit a un impact considérable sur nos actes et sur nos

interactions. Au lieu de sauter aux conclusions, examinez toutes les possibilités et choisissez de vous concentrer sur celles qui vous donneront davantage confiance en vous et sur celles qui sont importantes à vos yeux.

53

Les voitures de course sont une analogie fantastique pour mettre en évidence le pouvoir de la concentration. Lorsque votre voiture commence à déraper, le réflexe naturel est de regarder le mur afin de l'éviter. **Mais si vous continuez à concentrer votre esprit sur le scénario que vous craignez, c'est précisément celui qui se produira.** Le coureur automobile professionnel sait que nous manœuvrons inconsciemment le volant dans la direction de notre centre d'attention; aussi, étant donné que sa vie dépend du moindre faux mouvement, il concentre son attention sur la piste et évite de diriger son regard vers le mur.

Dans la vie, la plupart des gens se concentrent sur ce qu'ils ne veulent pas plutôt que sur ce qu'ils désirent. Si vous résistez à la peur, si vous avez foi et si vous apprenez à concentrer votre esprit sur l'objet de votre choix, vos actes vous mèneront naturellement dans la direction que vous souhaitez.

Débarrassez-vous de votre peur et concentrez-vous dès maintenant sur ce que vous désirez profondément et sur ce que vous méritez.

54

L'émotion est créée par le mouvement. La prochaine fois que vous vous préparerez à faire du jogging, mais que vous n'en aurez pas vraiment envie, pourquoi ne pas plutôt sauter à la corde ? Le saut à la corde est une façon extrêmement efficace de modifier votre état d'esprit parce que :

1) C'est un excellent exercice.

2) Cela cause moins de stress aux articulations que la course.

3) Cela amènera automatiquement un sourire sur votre visage.

4) Vous divertirez tous les conducteurs qui vous dépasseront !

55

La façon la plus valable de maîtriser votre centre d'attention est d'apprendre à utiliser efficacement les questions. **Chaque fois que vous vous posez une question, votre cerveau vous fournit la réponse.** Par exemple, si vous vous posez la question suivante : *« Pourquoi est-ce qu'un tel profite de moi ? »*, vous ne pourrez pas vous empêcher de vous concentrer sur le fait qu'on est en train de vous rouler, que ce soit vrai ou non.

Par contre, si vous vous posez cette question-ci : *« Comment puis-je améliorer cette situation ? »*, vous recevrez certainement des réponses qui vous permettront d'agir de façon positive.

56

Le pouvoir que renferment les bonnes questions est mis en évidence par l'histoire d'un jeune garçon qui s'était fait malmener un jour par le tyran de l'école secondaire. Le garçon jura de se venger. Il se procura un pistolet et retrouva les traces de son bourreau.

Mais juste avant de tirer, il se demanda : « *Que m'arrivera-t-il si j'appuie sur la gâchette ?* » Une image d'une souffrance inouïe lui vint à l'esprit et il se visualisa condamné à passer toute sa vie en prison. Il changea de cible et tira plutôt sur un arbre.

Ce jeune garçon s'appelait Bo Jackson. **L'instant éphémère, où il changea son centre d'attention et prit la décision d'évaluer la souffrance par rapport au plaisir, suffit à changer son destin. Au lieu de ruiner son avenir, il devint une véritable légende dans le monde du sport.**

Quelle question pourriez-vous vous poser aujourd'hui qui aurait le pouvoir de changer toute votre vie ?

57

Ne vous a-t-on jamais dit : « Un brillant avenir t'attend ? » Quel sentiment avez-vous éprouvé ? Et si l'on vous disait que votre avenir sera des plus sombres ? Ou que vos plans « semblent fantastiques » plutôt que « ces plans sont nuls, il faut absolument les améliorer » ? Ou si l'on vous disait que votre nouveau colocataire « me donne la chair de poule » ou « c'est un type vraiment relax et sympa » ?

La différence ne se situe pas uniquement sur le plan du choix des mots, mais également sur le plan des sentiments que ces mots suscitent. Les gens qui s'expriment en employant des termes tels qu'un avenir sombre ou brillant fonctionnent sur le mode visuel et sont surtout frappés par ce qu'ils voient. D'autres sont plus influencés par ce qu'ils entendent ; chez d'autres, les sensations jouent un rôle crucial dans leur perception des choses (« chair de poule » et « relax » sont des termes kinesthésiques).

Fonctionnez-vous plutôt sur le mode visuel, auditif ou kinesthésique ?

58

Pensez à des façons saines de vous remonter le moral sans avoir recours aux cigarettes, à l'alcool, à la suralimentation, à l'usage immodéré de votre carte de crédit et sans vous laisser aller à toute autre habitude qui entraîne des conséquences négatives.

Prenons quelques minutes dès maintenant pour creuser la question à fond !

1) Dressez une liste de toutes les méthodes positives que vous employez actuellement pour remplacer instantanément des sentiments douloureux par des sentiments plaisants.

2) Ajoutez d'autres stratégies que vous n'avez peut-être jamais essayées auparavant mais qui, selon vous, pourraient avoir un impact positif sur votre état affectif. Ne vous arrêtez qu'après avoir inscrit au moins quinze idées et, de préférence, vingt-cinq ou plus. C'est un exercice que vous devrez probablement refaire jusqu'à ce que vous ayez découvert des centaines de façons saines de modifier votre état affectif.

59

Pour parcourir avec succès le chemin qui mène de la souffrance au plaisir, **découvrez de nombreuses façons positives de changer votre perspective.** Examinez certaines de ces stratégies.

Fredonnez l'air de l'une de vos chansons préférées, tout en faisant jouer le disque; consultez un ouvrage où vous puiserez des conseils pratiques que vous pourrez suivre tout de suite; riez en regardant un film drôle ou un spectacle; faites plusieurs longueurs dans la piscine; partagez un repas avec votre famille ou avec un ami; prélassez-vous dans un bain chaud; trouvez cinq nouvelles idées; faites la connaissance d'un étranger; racontez des plaisanteries simplettes à vos amis, tout en sachant qu'ils vous garderont tout de même leur affection; écrivez dans votre journal; prenez votre conjoint dans vos bras et embrassez-le.

Choisissez l'une de ces stratégies et mettez-la à exécution dès maintenant!

Section 3

LE POUVOIR DE CRÉER, LE POUVOIR DE DÉTRUIRE

LES CROYANCES

« C'est l'esprit qui guérit les maladies, qui rend malheureux ou heureux, riche ou pauvre. »
EDMUND SPENSER

60

Quelle est la force qui détermine ce que nous tentons ou ce que nous ne réussissons pas à accomplir dans nos vies ? Ce sont nos croyances à propos de ce que nous sommes capables de réaliser, à propos de ce qui est possible ou impossible, à propos de qui nous sommes. Dans la culture haïtienne, les habitants croient que le sorcier qui « pointe l'os vers eux », a le pouvoir de les tuer. Certains en sont morts, mais la cause réelle de la mort est cette certitude, la conviction que le sorcier guérisseur détient effectivement de tels pouvoirs.

Avez-vous des attentes négatives en ce qui a trait à votre vie ? Quel effet cela a-t-il sur vous ? Quelles sont certaines des croyances qui vous ont donné le plus confiance en vous et qui ont façonné votre vie de manière positive ? Quelles nouvelles attentes positives pourriez-vous avoir vis-à-vis des autres et de vous-même ?

61

Pendant des milliers d'années, on a cru qu'aucun être humain ne pourrait courir un kilomètre soixante en quatre minutes. On pensait que c'était physiquement impossible. Et pourtant, Roger Bannister a réfuté cette croyance lorsqu'il a réussi à parcourir cette distance en trois minutes cinquante-neuf secondes. Comment fit-il ? Il visualisa maintes fois son triomphe avec une telle intensité que **son cerveau, imprégné de sa certitude de réussir, envoya un ordre irrévocable à son système nerveux et il obtint des résultats physiques qui correspondaient à l'image mentale sur laquelle il s'était concentré.** En l'espace d'un an, plusieurs autres athlètes suivirent les traces de M. Bannister et, convaincus qu'eux aussi pourraient réussir, répétèrent le même exploit.

Quelle barrière vous faut-il pulvériser? Que percevez-vous aujourd'hui comme impossible alors que si vous étiez certain que cela était possible, et si vous réussissiez, cela changerait non seulement votre vie, mais également celle de votre entourage?

62

Bien souvent, les gens blâment les événements lorsque leur vie a mal tourné. **Et pourtant, ce qui façonne réellement notre vie, c'est la signification que nous attribuons aux événements.**

Deux hommes sont blessés au Viêt Nam, emmenés en captivité et torturés à maintes reprises. L'un d'entre eux se suicide. L'autre, victime des mêmes circonstances, croit encore plus profondément en lui-même, en l'humanité, et en son Créateur. Aujourd'hui, cet homme, le capitaine Gerald Coffee, nous fait part de ces événements pour nous rappeler que l'esprit a le pouvoir de surmonter n'importe quelle douleur, n'importe quel obstacle, n'importe quel problème.

Est-ce que vous, ou quelqu'un que vous connaissez, permettez à des circonstances passées d'entraver votre bonheur actuel? De quelle autre façon pourriez-vous interpréter ces événements? Ont-ils forgé votre caractère? Vous ont-ils rendu plus sage? Vous ont-ils permis d'offrir votre soutien à d'autres personnes qui doivent affronter les mêmes défis aujourd'hui?

63

Pourquoi les gens agissent-ils comme ils le font? C'est toujours une question de croyances. Aussi surprenant cela soit-il, si les gens sont convaincus qu'ils guériront d'une maladie en se perforant des trous dans la tête, ils le feront (et ils l'ont fait !), que cette croyance soit bien fondée ou non. Par contre, s'ils sont convaincus qu'ils trouveront le bonheur en aidant les autres, ils seront tout aussi motivés.

Les croyances font toute la différence entre une vie malheureuse et une vie remplie de dynamisme et de don de soi. **Ce sont les croyances qui distinguent Mozart de Jacques l'Éventreur. C'est en fonction de leurs croyances que certains deviennent des héros, alors que d'autres se résignent à passer leur vie à se demander ce qu'ils auraient bien pu accomplir.**

Quelles sont les croyances qui se manifestent dans le comportement de votre entourage ? Quelles croyances avez-vous en commun avec vos collègues ? vos enfants ? vos parents ? Quelles sont vos divergences d'opinions ?

64

Chaque fois que quelque chose vous arrive, votre cerveau se pose deux questions: cela se traduira-t-il par de la souffrance ou du plaisir ? Que dois-je faire à présent pour éviter la souffrance éprouver du plaisir ? Les réponses sont basées sur des **généralisations, c'est-à-dire sur les croyances que vous avez établies à propos de ce qui se traduit par de la souffrance ou du plaisir**. Même si ce genre de raccourci nous permet de fonctionner, cela peut aussi nous limiter considérablement dans ce que nous pouvons accomplir dans la vie. Par exemple, certaines personnes qui ont subi des échecs à l'occasion, généralisent et en concluent qu'elles sont incompétentes. Malheureusement, les généralisations peuvent devenir des prophéties qui déclenchent l'événement que l'on redoute.

Pensez à une généralisation que vous avez formulée et qui vous limite ou qui limite quelqu'un d'autre. Aviez-vous réellement de bonnes raisons pour tirer cette conclusion ? Quelles exceptions y a-t-il ? Est-il possible que votre généralisation soit trop générale ?

65

Rien dans la vie n'a de signification absolue; les choses n'ont que la signification que nous leur attribuons. **L'être humain a l'étonnante capacité d'attribuer une signification très positive ou, au contraire, extrêmement négative à n'importe quel événement.**

En raison d'expériences douloureuses qu'ils ont vécues, certains décident: « À cause de ce qui m'est arrivé, je n'aimerai plus jamais ou je ne me sentirai plus jamais intact. » Néanmoins, d'autres ont démontré que le fait d'attribuer une signification plus positive aux événements peut mener à une profonde transformation: « Compte tenu des traitements injustes que j'ai subis, je me montrerai plus sensible aux besoins des autres », ou: « Étant donné que j'ai perdu mon enfant, je m'efforcerai de faire en sorte que le monde devienne un endroit plus sûr où vivre. »

Quoi qu'il arrive, nous avons tous la capacité de créer des significations qui forgent notre caractère. *Révolutionnez votre vie en attribuant une nouvelle signification à une expérience passée.*

66

Les croyances ont le pouvoir de créer et le pouvoir de détruire. Compte tenu de leur incroyable influence sur notre vie, nous devons comprendre leurs mécanismes sous-jacents:

1) La plupart d'entre nous ne décidons pas consciemment de ce que nous allons croire.

2) Souvent, nos croyances sont basées sur une interprétation erronée du passé.

3) Une fois que nous adoptons une croyance, nous avons tendance à la prendre pour parole d'Évangile et à oublier que ce n'est là qu'une façon subjective de percevoir la réalité.

Tenez-vous pour acquis que certaines de vos croyances sont vraies? Y a-t-il d'autres croyances contraires qui pourraient également être vraies? En quoi votre vie serait-elle différente si vous adoptiez le point de vue opposé?

67

Une croyance n'est qu'une certitude à propos de la signification de quelque chose. Par exemple, si vous croyez être intelligent, c'est plus qu'une simple impression; vous êtes certainement intelligent. D'où provient ce sentiment de certitude?

Représentez-vous une idée sous l'aspect d'une table sans pieds et donc, sans soutien. Par contre, une croyance est une table munie de quatre pieds solides. Ces pieds représentent la certitude qui découle de vos expériences passées, lesquelles déterminent vos cadres de référence. Par exemple, si vous croyez être intelligent, vous vous fondez probablement sur des expériences passées, c'est-à-dire des cadres de référence qui vous proviennent de vos bons résultats scolaires, du fait qu'on vous a dit que vous êtes intelligent, etc.

Néanmoins, **le passé n'est pas notre unique source de certitude et nous n'avons pas besoin de nous y limiter.** Tout comme Roger Bannister, nous pouvons employer notre imagination pour créer des cadres de référence, ce qui engendrera une certitude, à propos de choses que nous n'avons pas encore tenté d'accomplir.

68

Nous pouvons transformer n'importe quelle idée en croyance si nous trouvons suffisamment de cadres de référence provenant d'expé-

riences passées pour la soutenir. Laquelle de ces déclarations est-elle vraie ?

1) « Au fond, les gens sont honnêtes et intègres. »

2) « Les gens sont malhonnêtes et ne se préoccupent que d'eux-mêmes. »

Si vous le désiriez, vous pourriez certainement trouver assez de cadres de référence découlant d'expériences passées pour corroborer la croyance que les gens sont fondamentalement mauvais. Si vous vous concentriez sur d'autres expériences, vous pourriez tout aussi facilement trouver des preuves que les gens sont intrinsèquement honnêtes.

Laquelle de ces croyances est vraie ? **C'est celle que vous bâtirez qui deviendra vraie pour vous.**

69

Bien qu'un sentiment de certitude absolue puisse vous aider à réaliser des projets grandioses, ce même sentiment de certitude a également le potentiel de vous empêcher de percevoir certaines informations qui pourraient modifier entièrement le cours de votre existence.

Avez-vous déjà fait la connaissance de quelqu'un qui, en raison de son besoin de conserver ses certitudes, refusait d'écouter de nouvelles idées ?

Si vous examiniez vos propres croyances selon la perspective de quelqu'un d'autre, que verriez-vous ?

70

Les croyances sont la force motrice qui sous-tend tout notre comportement. Certaines croyances n'affectent qu'un seul aspect de notre vie, tandis que d'autres ont un impact considérable. Par exemple, une croyance précise à savoir que: « Jules est malhonnête » influencerait vos interactions avec Jules, mais le fait de croire: « Les gens sont malhonnêtes » aurait des répercussions qui s'étendraient bien au-delà d'une seule relation.

Ce genre de croyance globale est habituellement fondée sur une généralisation que nous avons faite il y a longtemps dans des circonstances extrêmes. Nous avons peut-être tout à fait oublié ces détails, et pourtant, inconsciemment, cela continue à guider notre processus de prise de décisions.

Ces croyances peuvent avoir un impact considérable sur notre vie, mais il n'est pas nécessaire que cela soit négatif: le fait de changer une croyance globale vous permettra d'améliorer tous les aspects de votre vie.

71

Certaines croyances sont-elles plus puissantes que d'autres? Sans aucun doute. **Il existe trois niveaux différents de certitude: les opinions, les croyances et les convictions.** On peut facilement changer d'opinions, car elles sont basées sur des perceptions passagères. Les croyances sont beaucoup plus fortes, car elles reposent soit sur de nombreuses expériences ou sur des expériences qui ont une signification affective beaucoup plus profonde. Il est encore possible de remettre en doute ce sentiment de certitude qui découle des croyances en se posant de nouvelles questions. Par ailleurs, les convictions sont étayées par des émotions qui ont une telle intensité que la personne qui possède ces convictions est non seulement certaine d'avoir raison, mais peut en fait devenir furieuse ou se fermer complètement à toute discussion rationnelle si ces convictions sont remises en question.

Les convictions peuvent décupler nos forces ou, au contraire, être extrêmement destructrices. Sachez faire la distinction entre vos croyances et vos opinions, et analysez votre degré de certitude. Avez-vous certaines convictions profondément ancrées ?

72

Quelle est la fonction des croyances ? Elles nous guident lorsque nous prenons des décisions et nous permettent d'éviter la souffrance ou d'éprouver du plaisir plus rapidement. Nos croyances constituent une sorte de raccourci qui nous évite d'avoir à repartir à zéro chaque fois que nous devons prendre une décision. **Parfois, dans les moments où nous ressentons de grandes craintes, une profonde douleur ou des émotions très intenses, nous nous appuyons sur nos croyances dans l'espoir d'y trouver un soulagement.** Par exemple, connaissez-vous quelqu'un qui, à l'issue d'une relation malheureuse, a acquis la conviction qu'il ne trouvera jamais l'amour ?

Certaines personnes dont les convictions sont très profondément ancrées refusent d'écouter tout argument allant à l'encontre de ces convictions. Dans les cas les plus extrêmes, ces individus préféreraient endurer une souffrance atroce (la solitude, la dépression, et même la mort) plutôt que d'abandonner leurs convictions.

Avez-vous des convictions ? Parmi celles-ci, quelles sont celles qui contribuent à consolider votre équilibre et quelles sont celles qui vous minent et sapent votre énergie ?

73

En raison de la passion qu'elles nous inspirent, **les convictions nous poussent à agir.** Quelqu'un qui se préoccupe sincèrement des droits des animaux a une croyance, mais celui qui a une conviction, passe son temps libre à éduquer avec passion le public à propos de questions telles que les tests faits sur les animaux en laboratoire et les conséquences nocives d'un régime à base de viande.

Y a-t-il certains obstacles dans votre vie que vous pourriez surmonter si vous aviez une conviction profondément ancrée qui renforcerait votre motivation? Par exemple, êtes-vous conscient du fait que si vous étiez convaincu de l'importance de ne jamais prendre de poids, cela vous pousserait à adopter un style de vie sain? Réalisez-vous qu'une conviction telle que: « Je trouverai toujours une façon de m'en sortir » pourrait vous aider à traverser les moments les plus difficiles?

74

Pensez aux effets à long terme que cela aurait sur votre vie si vous aviez un sentiment de certitude plus ancré pour **renforcer vos croyances positives.**

Faites l'exercice suivant pour intensifier votre engagement.

1) Choisissez une croyance que vous désirez transformer en conviction.

2) Faites en sorte de consolider cette croyance en élaborant de nouveaux cadres de référence. Par exemple, si vous avez décidé de ne jamais plus manger de viande, entretenez-vous avec des gens qui ont une alimentation végétarienne pour savoir quel effet ce choix a eu sur eux.

3) Fouillez dans votre mémoire pour trouver un événement passé ou bien provoquez un événement catalyseur qui suscitera en vous des émotions d'une grande intensité. Par exemple, si vous avez fait le vœu de cesser de fumer, rendez-vous au département des soins intensifs d'un hôpital pour observer des patients qui souffrent d'emphysème.

4) Que vous décidiez de franchir de petites ou de grandes étapes, commencez dès maintenant à agir conformément à votre conviction.

75

Le pouvoir des convictions a été démontré de façon frappante lors d'études portant sur des patients ayant de multiples personnalités. **En raison de l'intensité de leurs croyances et de la conviction qu'ils sont devenus quelqu'un d'autre, leur cerveau déclenche des réactions physiologiques différentes;** ces réactions sont quantifiables et ont des conséquences étonnantes. Leurs yeux changent de couleur, des cicatrices ou des taches de naissance disparaissent et réapparaissent, et même des maladies telles que le diabète ou l'hypertension artérielle disparaissent, puis se manifestent à nouveau. Tout cela découle de la manifestation des croyances du patient et du fait qu'il est profondément convaincu d'être quelqu'un d'autre.

À un niveau moins sensationnel, mais tout aussi important, quelles transformations se sont produites dans votre vie lorsque vous avez modifié une croyance ?

76

Quel est le secret de la réussite? Nous supposons souvent que c'est une question de génie. **Et pourtant, je suis convaincu que le véritable génie c'est la capacité de canaliser nos ressources les plus puissantes** en nous mettant dans un état mental de certitude absolue.

La carrière du milliardaire américain Bill Gates démarra en flèche alors qu'il était étudiant à l'université de Harvard. Il avait promis de livrer un logiciel qu'il n'avait pas encore conçu pour un ordinateur qu'il n'avait jamais vu ! Mais en raison de son sentiment de certitude (qui n'était nullement fondé), il réussit à canaliser toutes les ressources nécessaires pour concevoir, avec d'autres étudiants, le logiciel en question. Et c'est ainsi qu'il commença à bâtir sa fortune.

Il va de soi que nos probabilités de réussir dans n'importe quel domaine augmentent si l'engagement d'atteindre notre objectif est étayé par la certitude absolue que nous en sommes capables. *Avec quelle fréquence vous entraînez-vous à ressentir cette émotion qui décuplera votre capacité d'agir efficacement?*

77

Albert Einstein est peut-être celui qui a su le mieux exprimer cette vérité en déclarant: « L'imagination est plus puissante que la connaissance. » **Il a été prouvé à maintes reprises que notre cerveau est incapable de faire la distinction entre un événement que nous imaginons avec une grande précision et un événement qui se produit réellement.**

Une fois que vous aurez compris ce principe, cela transformera votre vie. Par exemple, bien des gens ont peur d'entreprendre quelque chose de nouveau tout simplement parce qu'ils ne l'ont jamais fait. Et pourtant, l'essence même de la réussite des leaders est qu'en dépit de leurs échecs passés, ils continuent de s'imaginer qu'ils obtiendront les résultats désirés. C'est ainsi qu'ils forgent en eux-mêmes le sentiment de certitude qui leur permet d'exploiter leur véritable potentiel.

Y a-t-il un objectif qui vous enthousiasme, mais qui exige que vous fassiez quelque chose que vous n'avez jamais entrepris auparavant? L'heure est venue de commencer à vous imaginer en train de réussir !

78

La plupart des gens qui vous disent: « Sois réaliste », vivent dans la crainte. Souvent, en raison de déceptions passées et de ce qu'ils ont perçu comme des échecs, ils craignent d'être à nouveau déçus. Les croyances qu'ils ont bâties pour se protéger, les limitent et les portent à hésiter, à fuir les risques et à éviter de donner leur pleine mesure. Par conséquent, ils n'obtiennent que des résultats limités.

Les grands leaders sont rarement « réalistes » d'après les critères des autres. Néanmoins, ils sont précis et intelligents. Mahatma Gandhi était convaincu qu'il pouvait obtenir l'indépendance de l'Inde en s'opposant à la Grande-Bretagne de façon pacifique et non violente, ce qui ne s'était jamais produit auparavant. Il n'était pas réaliste, mais les événements ont effectivement prouvé qu'il avait raison.

Quelles sont les croyances prétendues réalistes que vous devriez éviter? Quelles nouvelles attentes stimulantes et irréalistes, mais entièrement possibles, pourriez-vous avoir ?

79

Si vous allez commettre une erreur, il vaut souvent mieux se tromper en surestimant ses capacités. Pourquoi ? Il est possible que votre réussite en dépende. L'une des différences entre les pessimistes et les optimistes, c'est qu'après avoir tenté d'acquérir une nouvelle habileté, les pessimistes évaluent généralement leur performance telle qu'elle était réellement, tandis que les optimistes perçoivent leur performance comme étant supérieure à ce qu'elle était vraiment.

Par conséquent, les pessimistes abandonnent la partie, car ils ne voient aucune raison intelligente de continuer à faire des efforts infructueux. **Par ailleurs, la perception positive des optimistes leur donne le soutien affectif et la motivation qui leur permettent de persévérer et de finir par acquérir l'habileté en question.** Aussi, des évaluations apparemment irréalistes finissent-elles par engendrer le résultat souhaité.

N'oubliez jamais que le passé n'est pas égal à l'avenir. *Quelle est la première petite étape que vous pourriez franchir et qui vous rapprocherait du rêve qui vous semble impossible ?*

80

Notre façon d'affronter l'adversité façonne notre vie plus que tout autre facteur. Les gens qui réussissent perçoivent habituellement les problèmes comme étant passagers, alors que ceux qui échouent perçoivent le moindre problème comme éternel. Cette attitude mentale négative est la raison principale pour laquelle vous tombez dans le piège de ce que le Dr Martin Seligman appelle l'impuissance acquise. Celle-ci découle des trois perceptions suivantes :

1) Le problème est permanent (plutôt que temporaire).

2) Le problème se répercute à tous les niveaux (au lieu de n'affecter la personne que sur un seul plan).

3) Le problème est causé par notre personnalité et prouve bien que nous avons des défauts intrinsèques (au lieu de percevoir ce problème comme une occasion d'apprendre).

Au cours des prochaines journées, nous nous concentrerons sur les antidotes à ces croyances démoralisantes. *Commencez dès aujourd'hui à vous répéter:* « Ce problème a une fin » *pour réfuter la première croyance. Si vous persévérez, vous trouverez une solution.*

81

La faculté de garder une juste perspective de leurs problèmes permet à ceux qui réussissent de ne pas tomber dans le piège de l'attitude mentale axée sur « le problème qui se répercute à tous les niveaux ». Au lieu de se dire: *« Je mange trop et cela va ruiner toute ma vie »*, ils se disent plutôt: *« Je devrais corriger mes habitudes alimentaires et j'accepte ce défi »*.

Puis ils se concentrent sur la façon d'améliorer leur comportement. Par ailleurs, ceux qui croient que leurs problèmes se répercutent à tous les niveaux, pensent que, parce qu'ils ont échoué dans un domaine, ils sont des ratés, et c'est là une généralisation qui leur donne un sentiment d'impuissance totale.

Si vous voulez réfuter la fausse croyance selon laquelle un problème englobe tous les aspects de votre vie, vous devez immédiatement en maîtriser une partie. Peu importe que vous abordiez la plus petite composante du problème, l'important est de commencer dès maintenant.

82

Les optimistes perçoivent les échecs à la fois comme des expériences qui font partie de l'apprentissage et comme des défis qui les poussent à modifier leur stratégie. Les pessimistes font des échecs une question personnelle et les interprètent comme la preuve d'un défaut de caractère incorrigible. Étant donné que leur identité est étroitement liée au problème, ils se sentent accablés. Après tout, comment peuvent-ils changer toute leur vie d'un seul coup ?

Évitez à tout prix d'adopter la croyance que les problèmes résultent de défauts personnels. Commencez à percevoir les problèmes comme d'importantes sources d'information en retour qui vous guident et vous permettent de corriger le cap. Soyez reconnaissant de ces cadeaux que la vie vous envoie.

83

Toutes les découvertes importantes que nous faisons sur le plan personnel débutent par un changement de nos croyances. Comment remplacer des croyances qui nous limitent ? La méthode la plus efficace est de déséquilibrer vos anciennes croyances, d'ébranler votre certitude, en les remettant en question.

Rappelez-vous que votre cerveau essaie constamment d'éviter la souffrance; par conséquent, réfléchissez à toutes les conséquences négatives que cette croyance a eues sur vous. Posez-vous les questions suivantes:

1) À bien y penser, quels sont les aspects ridicules, stupides ou insensés de cette croyance ?

2) Qu'est-ce que cette croyance m'a déjà coûté ? Dans quelle mesure cela m'a-t-il limité par le passé ?

3) Qu'est-ce que cela me coûtera à l'avenir si je ne change pas maintenant ?

Le fait de répondre à ce genre de questions vous aidera à associer la douleur à vos anciennes croyances indésirables et vous donnera l'occasion de les remplacer par de nouvelles croyances positives qui accroîtront votre confiance en vous.

84

Pour être heureux, les êtres humains doivent sentir qu'ils évoluent constamment. Pour réussir dans le monde des affaires d'aujourd'hui, les entreprises doivent sans cesse progresser. Il est clair que nous devons adopter le principe de l'amélioration constante et l'observer quotidiennement plutôt que de le considérer comme un objectif qu'il faut se fixer à l'occasion.

Les Japonais appellent cela « kaizen », ce qui signifie se concentrer de façon à améliorer continuellement la qualité des produits et des services. **Je propose que nous, tous et chacun, prenions l'engagement d'observer ce principe d'amélioration constante et incessante que j'ai baptisé CANI^{MD} !** Si nous prenons l'habitude de nous concentrer continuellement sur la façon d'améliorer des normes qui sont déjà excellentes, pensez à l'impact considérable que cette décision pourrait avoir et à la façon dont les organisations, les familles et les collectivités en seraient transformées ?

Comment pourriez-vous adopter et mettre immédiatement en œuvre la philosophie du CANI^{MD} ?

85

Le fait de savoir que vous progressez tous les jours est la seule sécurité que vous puissiez avoir dans la vie.

Je ne me soucie pas de maintenir ma qualité de vie parce que, tous les jours, je tente de l'améliorer.

86

L'un des secrets de la réussite de l'entraîneur légendaire de l'Association nationale de basketball des États-Unis, Pat Riley, est l'engagement qu'il a pris de progresser petit à petit, mais constamment. En 1986, il dut relever un défi de taille: les membres de son équipe lui dirent qu'ils avaient joué de leur mieux en 1985, mais qu'ils n'avaient pas réussi à remporter le championnat. Pour les inspirer et les pousser à se surpasser, il les convainquit que si chacun d'entre eux améliorait sa performance, ne serait-ce que d'un pour cent dans cinq domaines clés, cela ferait une différence énorme.

Le côté génial de ce plan était sa simplicité: Tout le monde se sentait certain de pouvoir atteindre cet objectif. Chaque joueur dut améliorer sa performance uniquement de cinq pour cent, mais, multiplié par douze joueurs, cela se traduisit par une amélioration de soixante pour cent pour l'équipe et les joueurs connurent la meilleure saison de leur carrière !

Que pourriez-vous accomplir en progressant de façon très graduelle, mais de manière continue ?

87

Quelles sont les croyances qui guident vos pensées, vos décisions et vos actes tous les jours? Faites cet exercice pour prendre conscience de l'impact considérable que vos croyances ont sur vous.

1) Prenez deux feuilles de papier et inscrivez sur la première: «Croyances positives qui renforcent ma confiance en moi» et sur la seconde, inscrivez: «Croyances négatives qui sapent ma confiance en moi».

2) Au cours des dix prochaines minutes, dressez une liste de toutes vos croyances sur ces deux pages. Prenez note de tout ce qui vous vient à l'esprit.

3) Durant cette période d'intense réflexion, incluez les croyances globales ainsi que celles qui sont plus précises. N'oubliez pas d'inclure les croyances «si alors», telles que: «Si je fais constamment de mon mieux, c'est alors que je réussirai» ou: «Si je me montre extrêmement passionné envers cette personne, c'est alors que je l'effraierai».

88

L'une des façons les plus efficaces d'améliorer votre vie est tout simplement **de définir et de renforcer toute croyance qui vous permettra de vous rapprocher de vos objectifs et de réaliser vos rêves.**

1) Passez en revue la liste que vous venez de dresser de vos croyances positives et négatives; encerclez les trois croyances les plus positives.

2) De quelle façon ces croyances renforcent-elles très précisément votre confiance en vous? De quelle façon forgent-elles votre caractère ou contribuent-elles à améliorer la qualité de votre

vie ? Si ces croyances étaient plus profondément ancrées, en quoi pourraient-elles avoir une influence encore plus positive sur votre vie ?

3) Transformez toutes ces croyances positives en convictions. Engendrez en vous la certitude absolue qui guidera votre comportement dans la direction que vous souhaitez adopter. Maintenant, mettez en pratique vos convictions !

89

L'heure est venue de vous débarrasser des croyances qui ne vous sont d'aucune utilité !

1) Choisissez deux de vos croyances les plus négatives.

2) Pour être en mesure de paralyser votre certitude quant à ces croyances, posez-vous la question suivante : *« En quoi cette croyance est-elle ridicule ou absurde ? »* La personne qui m'a communiqué cette croyance avait-elle vraiment le meilleur modèle de comportement ? Si je ne me débarrasse pas de cette croyance, qu'est-ce que cela me coûtera en fin de compte sur le plan émotif ? sur le plan physique ? sur le plan financier ? en ce qui concerne mes relations ? Qu'est-ce cela coûtera à ma famille et aux êtres qui me sont chers ?

3) Visualisez les conséquences négatives que ces croyances entraîneront. Décidez une fois pour toutes que vous n'êtes plus disposé à payer ce prix.

4) Inscrivez deux nouvelles croyances pour remplacer les anciennes.

5) Renforcez vos nouvelles croyances positives en visualisant et en anticipant les avantages incommensurables qu'elles auront.

90

Il a été démontré clairement que les attentes ont le pouvoir d'améliorer la performance. On a baptisé cela l'effet Pygmalion. Dans une étude, des professeurs furent informés que **certains de leurs élèves étaient doués et qu'il fallait constamment les mettre au défi pour les pousser à exceller.** Les professeurs s'exécutèrent et, comme prévu, ces élèves devinrent les meilleurs de la classe.

Cependant, tous ceux qui participèrent à cette expérience ignoraient que les élèves soi-disant doués, n'avaient aucunement fait preuve d'une intelligence supérieure avant le début de l'expérience. De fait, certains d'entre eux étaient considérés comme des élèves médiocres. Quel est l'élément qui leur permit de se surpasser ? C'était leur nouveau sentiment de certitude qu'ils étaient supérieurs (découlant de la « fausse » croyance d'un professeur) !

Vous rendez-vous compte à présent de l'importance qu'ont vos croyances et de l'influence qu'elles exercent sur vous et sur les autres ? *Que pourriez-vous accomplir si seulement vous aviez suffisamment confiance en vous pour exploiter votre vaste potentiel ?*

Section 4

LES QUESTIONS RENFERMENT LA RÉPONSE

LES QUESTIONS

•

« L'important, c'est de ne jamais cesser de questionner. La curiosité existe pour de bonnes raisons. On ne peut s'empêcher d'être stupéfait lorsqu'on contemple les mystères de l'éternité, de la vie, de la merveilleuse structure de la réalité. C'est bien suffisant d'essayer tout simplement de comprendre, ne serait-ce qu'une parcelle de ce mystère chaque jour. Ne perdez jamais cette sainte curiosité. »

ALBERT EINSTEIN

91

Les questions sont le rayon laser de la conscience humaine.

Servez-vous de leur pouvoir pour pulvériser tous les obstacles et relever n'importe quel défi.

92

Quelle est la différence principale entre les gens qui réussissent et les autres? **Les gens qui réussissent se sont tout simplement posé de meilleures questions et, par conséquent, ont reçu de meilleures réponses.** À l'aube de l'invention de l'automobile, des centaines de gens bricolaient et s'amusaient à en construire, mais Henry Ford se distingua d'eux en se posant la question suivante: « *Comment puis-je produire cette machine en série?* »

En Europe de l'Est, des millions de personnes rongeaient leur frein sous le joug du communisme, mais Lech Walesa eut le courage de se poser la question suivante: « *Comment puis-je améliorer le niveau de vie de tous les travailleurs et de toutes les travailleuses?* »

Si vous laissiez libre cours à votre imagination, où vos questions vous mèneraient-elles?

93

Êtes-vous d'accord ou non avec la déclaration suivante? La pensée n'est que le processus qui consiste à se poser des questions et à y répondre. Pour répondre oui ou non à cette question, ne vous êtes-vous pas posé des questions telles que: *« Est-ce réellement exact? »* ou: *« Suis-je d'accord avec ce qu'il déclare? »*

La plupart des processus de la pensée sont basés sur des questions que l'on se pose et auxquelles on répond. Par exemple, l'évaluation: «*Pourquoi les choses sont-elles ainsi?*»; l'imagination: «*Qu'est-ce qui est possible?*»; et la décision: «*Que vais-je faire?*» **Aussi, si nous désirons rehausser notre qualité de vie, nous devons changer les questions que nous nous posons habituellement et celles que nous posons aux autres.**

94

Les enfants sont de véritables champions dans l'art de poser des questions.

Quels avantages pourriez-vous retirer en imitant l'innocence et la curiosité des enfants qui sont absolument décidés à obtenir une réponse?

95

Je me suis fixé une mission dans la vie basée sur l'art de poser des questions: Qu'est-ce qui pousse les gens à agir d'une certaine façon? Qu'est-ce qui a permis à certaines personnes de réussir alors qu'elles disposaient apparemment de moins de ressources que d'autres qui ont échoué? Comment pouvons-nous imiter leurs résultats? Comment pouvons-nous effectuer des changements plus facilement et plus rapidement que jamais? Comment est-il possible de rehausser la qualité de vie de tout le monde?

Quelles sont les questions principales qui façonnent actuellement votre vie?

96

Les questions de qualité optimale se traduisent par une vie de qualité optimale.

Les entreprises sont prospères lorsque les responsables de la prise de décisions se posent les bonnes questions à propos des gammes de produits, des marchés ou de la planification stratégique. Les relations s'épanouissent lorsque les gens se posent les bonnes questions à propos des zones de conflits éventuels et cherchent à se soutenir plutôt qu'à s'entredéchirer.

Les collectivités prospèrent lorsque leurs dirigeants se posent les bonnes questions au sujet des priorités à établir et sur la façon de procéder pour que les citoyens unissent leurs efforts pour atteindre des objectifs communs.

Quel que soit l'aspect de votre vie que vous souhaitiez améliorer, vous pouvez vous poser des questions qui vous amèneront des réponses – des solutions – qui peuvent vous propulser, ainsi que les êtres qui vous sont chers, vers un nouvel échelon sur la voie de la réussite et du bonheur.

Est-il nécessaire que vous vous posiez des questions à propos de la qualité ? de l'engagement ? de votre participation ?

97

Les questions déclenchent un processus qui a un impact considérable, et dont les répercussions s'étendent bien au-delà de ce que nous pouvons imaginer. C'est le fait de remettre nos limites en question qui nous permet de faire tomber des murs, tant sur le plan des affaires que des relations et des rapports diplomatiques entre pays. **Tous les progrès de la race humaine sont précédés par de nouvelles questions.**

Quelles nouvelles questions pourriez-vous vous poser aujourd'hui de façon à trouver de nouvelles réponses qui vous permettront immédiatement de rehausser votre qualité de vie ?

98

Il est incontestable que la capacité du cerveau est absolument phénoménale. **De fait, le cerveau a une telle capacité d'emmagasiner des données que « cet entrepôt » tiendrait à peine dans deux immeubles d'envergure, de la taille d'un gigantesque centre commercial international de New York.** Néanmoins, si l'on ne sait pas comment avoir accès à toutes les informations qui y sont entreposées ni comment s'en servir, ce potentiel est inutile.

Qu'est-ce qui vous permet de sortir les informations dont vous avez besoin de votre banque de données personnelle ? C'est le pouvoir inouï que renferment les questions. Bien souvent, nous ne savons pas tirer profit de nos expériences, non pas parce que notre mémoire nous fait défaut, mais plutôt parce que nous ne savons pas poser les bonnes questions qui nous permettraient d'exploiter nos capacités et nos dons.

99

Votre ordinateur mental est toujours prêt à vous servir. Quelle que soit la question que vous lui posiez, il vous fournira certainement une réponse. Si vous posez une question qui a des connotations négatives, telle que : « Pourquoi est-ce que je rate constamment mon coup ? », vous recevrez une réponse qui aura des connotations négatives. Par ailleurs, lorsque vous posez une question beaucoup plus utile, telle que: «Comment puis-je mettre ceci à profit?», votre cerveau vous guide automatiquement vers une solution.

Les nouvelles réponses sont le produit de nouvelles questions. *Quelles questions pourriez-vous vous poser, ou pourriez-vous poser à quelqu'un que vous aimez, qui auraient immédiatement des effets positifs?*

100

L'histoire de mon grand ami W. Mitchell illustre bien le pouvoir des questions brillantes. Après un accident au cours duquel tout son corps fut brûlé et où il perdit l'usage de ses jambes, il refusa de s'apitoyer sur son sort. *«Que me reste-t-il?* se demanda-t-il. *«De quoi suis-je capable maintenant, encore plus que par le passé? Qu'est-ce que cet accident me permettra de donner aux autres?»*

À l'hôpital, il fit la connaissance d'une infirmière prénommée Annie et se sentit immédiatement attiré par elle. Malgré les graves brûlures qu'il avait subies et qui le rendaient méconnaissable, et en dépit du fait que ses jambes étaient paralysées, il eut l'audace remarquable de se demander: *«Comment pourrais-je obtenir un rendez-vous galant avec elle?»* Ils se marièrent peu de temps après.

Si l'échec ou le rejet n'étaient même pas envisageables, quelles questions vous poseriez-vous dans l'immédiat?

101

Lorsque les gens sont réticents à s'engager dans une relation sentimentale, est-il possible que cela soit attribuable au fait qu'ils se posent des questions qui éveillent le doute, telles que: *«Je pourrais peut-être trouver quelqu'un d'encore mieux; il serait préférable que j'attende. Que se passera-t-il si je m'engage maintenant et que je manque une occasion formidable ?* »

Ce genre de questions pourrait les empêcher de profiter de la relation qu'ils vivent actuellement.

Que se passerait-il s'ils se posaient plutôt ce genre de questions : « *Comment se fait-il que j'ai eu la chance de te trouver et que tu fasses partie de ma vie ?* » « *Quelle est la qualité que je préfère chez toi ?* » « *En quoi notre relation pourrait-elle enrichir nos vies ?* »

Quelles sont les questions que votre conjoint ou vous pourriez vous poser de façon à sentir que vous êtes les deux personnes les plus chanceuses de la terre ?

102

Même si nous avons déjà accompli de grandes choses, nous passons tous par des périodes où nous devons surmonter des obstacles tant sur le plan personnel que professionnel. La question n'est pas de savoir si vous aurez des problèmes, mais comment vous les affronterez lorsqu'ils surgiront. *Servez-vous de cet aide-mémoire pour changer votre état d'esprit et pour apprendre à vous montrer réceptif aux solutions.*

LES QUESTIONS AXÉES SUR LA RÉSOLUTION DE PROBLÈMES

1) Quel est l'aspect vraiment positif de ce problème ?

2) Quelles sont les choses qui ne sont pas encore parfaites ?

3) Que suis-je prêt à faire pour que les choses soient telles que je le désire ?

4) Que suis-je prêt à sacrifier pour que les choses soient telles que je le désire ?

5) Comment puis-je rendre ce processus agréable tout en faisant le nécessaire pour que les choses soient telles que je le désire ?

103

Qu'est-ce qui a permis à Donald Trump de bâtir sa fortune dans l'immobilier ? Il est certain que l'un des éléments clés était sa procédure d'évaluation. Lorsqu'il évaluait une propriété qui semblait offrir des possibilités très lucratives, il se demandait : « *Quel est le côté négatif ? Quelle est la pire chose qui pourrait arriver et est-ce que je me sens capable d'y faire front et de résoudre cette crise ?* » S'il se sentait en mesure d'affronter la pire éventualité, il acceptait de clore la vente parce que le côté positif des choses allait de soi et n'exigeait pas une grande intervention de sa part.

Lorsque Donald Trump commença à subir des revers de fortune, certains observateurs remarquèrent qu'il avait commencé à se croire invincible et qu'il ne prenait plus l'aspect négatif des choses en considération. **N'oubliez pas que ce qui façonne votre destin, ce n'est pas uniquement les questions que vous posez, mais également celles que vous ne posez pas.**

104

Les questions que vous posez se traduiront toujours soit par de l'abattement ou du plaisir, de l'indignation ou de l'inspiration, de la tristesse ou un sentiment de féerie.

Posez-vous des questions énergisantes qui vous pousseront à suivre le chemin de l'excellence.

105

Si vous avez maintes fois essayé et échoué dans vos tentatives de perdre du poids, est-il possible que vous vous posiez les mauvaises questions ? Des questions telles que : *« Qu'est-ce qui va me donner une sensation de satiété ? »* ou : *« Quels sont les aliments les plus sucrés et les plus riches que je puisse me permettre ? »*

Posez-vous plutôt les questions suivantes : *« Quels sont les aliments réellement nutritifs ? », « Que puis-je manger de léger et de délicieux qui me donnerait de l'énergie ? », « Est-ce que ces aliments me désintoxiqueront ou au contraire m'alourdiront-ils ? »* Si vous êtes tenté de trop manger : *« Si je mange ça, de quoi devrais-je me priver pour atteindre quand même mes objectif ? » Quel est le véritable prix que j'aurai à payer si je me laisse aller maintenant ? »*

Le fait de modifier les questions que vous avez l'habitude de vous poser peut changer et changera profondément votre qualité de vie.

106

Les questions modifient immédiatement notre centre d'attention et, par conséquent, les sentiments que nous éprouvons. **Y a-t-il des moments de votre vie dont vous chérissez le souvenir de sorte que si vous vous concentriez à nouveau sur cette époque, vous vous sentiriez tout de suite magnifiquement bien ?** Peut-être s'agit-il du jour où vous avez pris votre propre appartement, ou de la naissance de votre premier enfant, ou d'une conversation avec un ami qui vous a donné la confiance d'entreprendre des projets audacieux.

Des questions telles que : *« De quoi devrais-je me montrer reconnaissant ? »* et : *« Qu'y a-t-il de merveilleux dans ma vie en ce moment ? »* éveillent en nous le souvenir de ces moments et nous permettent non seulement de nous sentir satisfaits de notre vie, mais également de contribuer davantage au bien-être de notre entourage.

107

Il existe une grande différence entre une affirmation et une question. Vous pouvez répéter des affirmations telles que: « Je suis heureux, je suis heureux, je suis heureux » toute la journée, mais cela ne se traduira pas par le même état de certitude que vous éprouveriez si vous vous posiez constamment une question qui décuple votre énergie telle que: « Qu'est-ce qui me rend heureux en ce moment ? Qu'est-ce qui pourrait me rendre heureux maintenant, si je le souhaitais ? Quels sentiments éprouverais-je alors ? »

Au lieu de tout simplement vous ragaillardir, les questions canalisent votre attention et vous permettent de trouver de véritables raisons d'éprouver cette émotion. Aussi, plutôt que de vous borner à répéter une simple affirmation, vous éprouverez un véritable changement sur le plan affectif, quelque chose de réel et de durable.

108

Comment pouvez-vous immédiatement améliorer votre vie? En découvrant et en imitant les questions que des gens que vous respectez ont l'habitude de se poser. Si vous connaissez quelqu'un qui est extrêmement heureux, je vous garantis que c'est pour la raison suivante: cette personne se concentre sans arrêt sur tout ce qui la rend heureuse et se pose constamment des questions pour éprouver un bonheur encore plus intense. Ceux qui réussissent bien sur le plan financier se posent des questions bien différentes lorsqu'ils analysent un investissement éventuel que celles de gens qui réussissent à peine à joindre les deux bouts peuvent se poser.

Vous gravirez un nouvel échelon vers la réussite, et ce, dans n'importe quel domaine, si vous apprenez à vous poser les mêmes questions que ceux qui ont déjà atteint l'objectif qui vous tient à cœur.

N'oubliez pas ces paroles de l'Évangile: « Demandez et vous recevrez ! »

109

Savoir se montrer réceptif aux réponses est l'un des principaux ingrédients du succès. À l'époque où Walt Disney créait son Magic Kingdom (royaume magique) il trouva une façon fort originale de demander à ses employés de faire des critiques constructives. Il affichait toutes les étapes d'un projet sur un mur et invitait les membres de son organisation à répondre à cette question: « Comment pouvons-nous améliorer ceci ? » Les employés devaient inscrire leur réponse sur une feuille de papier, puis la coller au mur. C'est ainsi que Walt Disney put exploiter l'ensemble des ressources d'une armée créatrice, ce qui lui permit d'obtenir des résultats proportionnels à la qualité des commentaires en question.

Il n'est pas nécessaire que vous soyez le PDG d'une grande société pour tirer parti de cet outil. *Comment pourriez-vous orienter votre attention dans de nouvelles directions?* Quelles sont les personnes que vous côtoyez tous les jours qui pourraient vous donner accès à un vaste éventail de ressources, si seulement vous preniez la peine de le leur demander ?

110

Les réponses que nous recevons dépendent des questions que nous sommes prêts à poser. Il s'agit de découvrir les questions précises qui vous permettront de tirer parti de toutes vos ressources. Par exemple, s'il est important à vos yeux d'apprendre et de progresser, une question telle que : « **Comment puis-je tirer parti de cette situation pour améliorer encore davantage mes performances futures ?** » sera très efficace pour rompre le cycle d'une structure affective négative.

Lorsque vous vous sentez particulièrement bouleversé, essayez donc de vous poser cette question-ci : « Dans dix ans, cela aura-t-il encore de l'importance ? »

Pour résoudre les difficultés qui surgissent dans une relation personnelle, la façon la plus rapide de régler vos différends et d'exprimer votre compassion serait de vous poser une question telle que : *« Quels sont les autres facteurs qui pourraient affecter cette personne et comment puis-je l'aider ? »*

111

Les êtres humains sont de merveilleuses « créatures qui ont le pouvoir unique d'effacer ». La perception est une faculté sélective et le cerveau humain n'enregistre qu'un petit nombre de données qu'il sélectionne parmi celles qui le bombardent à tout instant.

Le centre d'attention change instantanément lorsqu'on se pose une question, ou qu'on la pose à quelqu'un d'autre. Par exemple, une question telle que : « As-tu jamais réfléchi à l'impact qu'aura ce que nous venons de créer ? » peut changer le centre d'attention d'un collègue ou d'un des membres de l'équipe, l'aider à effacer immédiatement de son esprit tous les détails difficiles de l'exécution d'un projet et lui permettre de se concentrer plutôt sur les avantages à long terme qu'il en retirera.

Connaissez-vous quelqu'un qui pourrait réellement profiter de ce genre d'aide ?

112

Nous finissons par trouver tout ce que nous cherchons. Pour en faire la preuve, tentez l'expérience suivante : Où que vous vous trouviez en ce moment, accordez-vous une minute pour examiner les lieux, puis posez-vous la question suivante : « Quels sont les objets de couleur brune qui m'entourent ? » Prenez note mentalement de tous les objets de cette couleur.

Fermez ensuite les yeux. Essayez à présent de vous souvenir de tous les objets de couleur verte. Cet exercice sera probablement assez difficile si vous vous trouvez dans des lieux qui vous sont familiers. Mais si vous vous trouvez dans des lieux que vous ne connaissez pas, ce sera un véritable défi ! Vous vous souviendrez facilement de tous les objets de couleur brune, mais aucun objet de couleur verte ou presque ne vous viendra à l'esprit.

Ouvrez maintenant les yeux et prenez note de tous les objets de couleur verte. Il est très probable que vous remarquerez immédiatement tout ce qui est vert ! N'oubliez jamais ces paroles : « **Cherchez et vous trouverez.** » Prenez pleinement conscience de ce que vous cherchez.

113

C'est notre façon de nous poser des questions qui détermine souvent ce que nous considérons possible ou impossible. Le choix des mots et l'ordre dans lequel nous les employons peuvent nous empêcher de tenir compte de certaines possibilités, ou d'en présupposer d'autres. Par exemple, le fait de se demander: *« Pourquoi est-ce que je finis toujours par me saboter ? »* déclenche une prophétie qui finit par se réaliser; en effet, cette question repose sur l'hypothèse que vous vous sabotez bel et bien, alors que ce n'est peut-être nullement le cas.

Apprenez à tirer parti de ces suppositions. Trouvez des cadres de référence qui puissent étayer vos nouvelles croyances positives. Demandez-vous: *« En quoi est-ce que cette expérience me permet-elle de perfectionner mes habiletés ? »* ou: *« En quoi est-ce que l'événement que nous venons de vivre pourra-t-il consolider notre relation ? »*

114

Les questions créent des réponses même si, à première vue, la situation semble sans issue.

Au début de ma carrière, l'un de mes associés a détourné des fonds considérables. **Au lieu de déclarer banqueroute (comme on me le conseilla à maintes reprises), je me demandai:** *« Comment puis-je renverser cette situation ? Comment puis-je faire en sorte que mon entreprise ait un impact encore plus considérable qu'avant ? Comment puis-je aider les gens même pendant que je dors ? »* Ces questions me permirent de mettre sur pied une division de franchisage et d'élaborer une série de publireportages télévisés qui connurent un grand succès et qui contribuèrent à améliorer la qualité de vie de millions de personnes.

Si vous n'obtenez pas immédiatement les réponses souhaitées, faut-il abandonner la partie ou faut-il continuer à se poser des questions, sous tous les angles possibles imaginables et aussi longtemps qu'il le faut, pour obtenir les réponses dont on a besoin ?

115

Inventez-vous un rituel quotidien axé sur la réussite. Chaque matin, trouvez au moins deux ou trois réponses à chacune des questions suivantes, tout en savourant les émotions positives que ces réponses susciteront. Si vous avez de la difficulté à répondre, ajoutez tout simplement le mot: « pourrait ». Par exemple, si vous êtes incapable de répondre à la question: *« Quelle est la chose qui me rend le plus heureux en ce moment? »*, posez-vous plutôt cette question-ci: *« Quelle est la chose qui pourrait me rendre le plus heureux en ce moment si je le désirais? »*

LES QUESTIONS ÉNERGISANTES DU MATIN

1) *« Quels sont les aspects de ma vie dont je suis heureux actuellement? Pour quelle raison en suis-je heureux? Quel effet cela a-t-il sur moi? »*

2) *« Qu'est-ce qui me stimule actuellement? Pour quelle raison est-ce que je me sens stimulé? Quel effet cela a-t-il sur moi? »*

116

LES QUESTIONS ÉNERGISANTES DU MATIN (suite)

3) *« Quelles sont les choses dont je peux être fier en ce moment? Pourquoi est-ce que j'en ressens de la fierté? Quel effet cela a-t-il sur moi? »*

4) *« Quels sont les bienfaits de la vie dont je suis reconnaissant en ce moment? Pour quelle raison est-ce que j'en éprouve de la reconnaissance? Quel effet cela a-t-il sur moi? »*

5) *« Quelles sont mes activités préférées en ce moment? Qu'est-ce qui me procure le plus de satisfaction? Quel effet cela a-t-il sur moi? »*

6) *« Qu'est-ce que je me suis engagé à accomplir dans le présent ? Pour quelle raison ai-je pris cet engagement ? Quel effet cela a-t-il sur moi ? »*

7) *« Quelles sont les personnes que j'aime ? Qui m'aime ? Quel effet cela a-t-il sur moi ? »*

Nous verrons bientôt comment accroître l'efficacité de ce rituel quotidien.

117

Les trois questions énergisantes du soir sont un excellent complément aux questions énergisantes du matin. C'est un aide-mémoire conçu pour vous aider à mettre en perspective les événements de la journée. Étant donné que vous vous êtes posé des questions toute la journée, pourquoi ne pas vous en poser quelques-unes qui vous feront ressentir un grand bien-être avant de vous endormir ?

LES QUESTIONS ÉNERGISANTES DU SOIR

1) *« Qu'est-ce que j'ai donné aujourd'hui ? En quoi me suis-je montré généreux ? »*

2) *« Qu'ai-je appris aujourd'hui ? En quoi cela a-t-il raffiné mon discernement ? »*

3) *« En quoi cette journée a-t-elle contribué à ma qualité de vie ? Que puis-je en retirer pour mon avenir ? »*

4) Exercice facultatif : posez-vous à nouveau les questions énergisantes du matin.

118

Le seul facteur qui limite votre capacité de vous poser des questions est votre croyance à propos de ce qui est possible ou impossible.

Voici une croyance fondamentale qui a façonné mon destin de façon extrêmement positive: «**Si je continue à me poser des questions, je recevrai certainement une réponse, quelle que soit la question.**»

Les réponses existent déjà, tout ce qu'il vous incombe de faire, c'est de trouver la bonne question.

119

Quelle question serait-il utile que vous vous posiez régulièrement? Voici deux de mes questions préférées qui sont à la fois les plus simples et les plus énergisantes, et qui m'ont permis de surmonter de multiples défis: «Qu'y a-t-il de formidable dans cette situation?» Et: «Comment puis-je tirer profit de cette situation?»

La première question brise le cycle d'idées négatives et me rappelle que nous sommes libres d'attribuer la signification que nous désirons à toute expérience.

La seconde question me permet de me concentrer sur le «comment» plutôt que sur le «pourquoi», c'est-à-dire sur les solutions et les avantages plutôt que sur des problèmes insolubles.

Quelles sont les deux questions que vous pourriez commencer à vous poser pour modifier votre état d'esprit et exploiter vos ressources? Ajoutez-les à vos questions énergisantes du matin de façon à ce qu'elles fassent partie de votre rituel quotidien, lequel vous mènera à la réussite.

120

Leo Buscaglia, spécialiste renommé dans le domaine des relations humaines, me suggéra un jour une simple question qui peut faire une différence énorme. Lorsque Leo était enfant, son père lui demandait tous les soirs : « **Qu'as-tu appris aujourd'hui ?** »

L'enfant savait qu'il devait trouver une réponse, et pas n'importe laquelle. S'il n'avait rien appris d'intéressant à l'école ce jour-là, il courait chercher une encyclopédie. De nombreuses années ont passé et Leo est devenu adulte. Mais jusqu'à présent, il refuse de se coucher avant d'avoir appris quelque chose de nouveau et d'important.

Ne croyez-vous pas que votre vie ou celle de vos enfants pourrait être grandement améliorée si vous ajoutiez cette question (ou une question semblable) à votre routine quotidienne ? En quoi consisterait cette amélioration ? Comment pourriez-vous rendre ce processus aussi essentiel que la nourriture ou le sommeil ?

121

Cependant, il faut qu'à un moment donné vous cessiez de vous poser des questions et que vous passiez à l'action. Des questions telles que : *« Quel est le véritable but de ma vie ? », « Quel est l'engagement le plus important que j'ai pris ? »* et *« Pourquoi suis-je ici ? »* ont un pouvoir inouï ; mais **si vous tombez dans le perfectionnisme et que vous vous tourmentez jusqu'à ce que vous obteniez la réponse parfaite, vous n'irez pas très loin.**

Ayez foi dans les réponses que votre intuition vous dicte, et laissez-vous guider par elle. Pour obtenir des résultats, décidez simplement quelles sont vos priorités, du moins pour le moment, et canalisez votre pouvoir personnel pour aller de l'avant et pour commencer à transformer votre qualité de vie.

Section 5

DEVENEZ UN SPÉCIALISTE DU CHANGEMENT

LA SCIENCE DU CONDITIONNEMENT AXÉ SUR LA RÉUSSITE

« L'habitude est la meilleure des servantes
ou la pire des maîtresses. »
NATHANIEL EMMONS

122

Je me suis toujours enorgueilli de ma capacité de susciter des changements durables chez presque tout le monde. Néanmoins, j'ai eu un véritable choc lorsqu'un jour, un homme que j'avais aidé à arrêter de fumer bien des années auparavant, s'approcha de moi, sortit une cigarette de sa poche et me dit :

« Vous avez échoué !

– Que voulez-vous dire ? » lui demandai-je, curieux de savoir ce qui s'était passé.

– Après notre séance, je n'ai plus fumé pendant deux ans et demi. Mais un jour, je me suis senti très stressé, j'ai allumé une cigarette et je fume depuis. C'est entièrement votre faute ! Vous ne m'avez pas bien programmé ! »

Même si sa façon de s'exprimer manquait d'élégance, cet homme me fit un cadeau d'une grande valeur. Il me rappela que **nous devons assumer personnellement la responsabilité de notre changement**. Personne ne peut vous « programmer ». Vous devez vous conditionner vous-même.

123

Tous les changements que nous effectuons seront temporaires à moins que nous n'en prenions personnellement la responsabilité. C'est à nous seuls qu'incombe cette responsabilité. Pour cela, il faut adopter ces trois croyances essentielles :

1) « Cela doit changer. » Le fait de croire que nous devrions changer ne suffit pas.

2) « Je dois changer cela. Les autres peuvent me guider, mais en fin de compte, c'est à moi que cette responsabilité incombe. »

3) « Je peux changer cela. C'est moi qui ai créé ce que je vis actuellement ; par conséquent, je peux le changer. »

124

Qu'est-ce qui provoque réellement le changement ? Le changement se manifeste lorsque nous modifions dans notre système nerveux les sensations que nous associons à une expérience.

Tant et aussi longtemps que les cigarettes vous donneront une sensation agréable, vous serez attiré par le tabac. Ce n'est que lorsque vous associerez les cigarettes à une sensation de dégoût, à « une haleine qui sent le tabac » et à la mort, qu'un changement durable se produira.

Bien qu'il nous en coûte de l'accepter, **ce qui motive habituellement notre comportement, c'est notre intuition, et non pas nos calculs intellectuels.** Vous comprenez probablement que le chocolat n'est pas sain, et pourtant, continuez-vous tout de même à en manger ? Pourquoi ? Parce que vous n'êtes pas motivé par vos connaissances intellectuelles, mais plutôt par le stimulus auquel vous avez appris à associer de la douleur et du plaisir dans votre système nerveux. Ce sont nos neuroassociations, les associations que nous avons établies dans notre système nerveux, qui déterminent notre comportement.

125

Comment se fait-il que la plupart de nos efforts pour nous débarrasser d'une habitude se soldent par un échec ? Parce que nous attaquons les symptômes du problème, en nous mettant au régime, en cessant brusquement de fumer du jour au lendemain, ou en coupant nos cartes de crédit en petits morceaux ; mais si nous n'éliminons pas la cause, le problème se manifestera à nouveau.

La technique que j'ai mise au point, le conditionnement par neuroassociations (CNA), est une stratégie simple, mais extrêmement efficace, qui se divise en six étapes visant à provoquer un changement durable :

1) **Énoncez clairement ce que vous voulez réellement.** La plupart des gens se concentrent sur ce qu'ils ne veulent pas.

2) **Rassemblez vos forces.** Faites en sorte que le changement vous semble indispensable.

3) **Mettez fin à votre structure de comportement restrictif.** Débarrassez-vous de l'emprise que vos habitudes ont sur vous.

4) **Trouvez une nouvelle solution de rechange qui décuplera vos forces et votre confiance en vous.** On ne peut pas tout simplement mettre fin à un comportement ou supprimer une émotion ; il faut les remplacer par autre chose.

5) **Conditionnez-vous** jusqu'à ce que vous ayez pris une nouvelle habitude.

6) **Faites un test** pour vous assurer que votre méthode fonctionne !

126

Qu'est-ce qui nous empêche d'effectuer un changement? **Certaines de nos croyances, tant sur le plan personnel que culturel, peuvent nous freiner.**

Bien des gens se croient incapables de changer, tout simplement parce que leurs efforts ont échoué par le passé. Peut-être pensent-ils que le changement doit passer par un long processus douloureux ; sinon, se disent-ils, comment se fait-il qu'ils n'aient pas déjà réussi à changer ?

En outre, si vous solutionnez en quelques minutes un problème contre lequel vous vous battez depuis des années, vous devrez en rendre compte à vos amis et à votre famille. Il est possible qu'ils vous demandent: « Si c'était tellement simple, pourquoi avons-nous perdu notre temps à nous faire du souci pour toi ? » Compte tenu de toutes ces « mesures incitatives » négatives, nous avons appris à changer lentement de façon à ce que les gens puissent « apprécier » notre changement.

Sortez de cet état d'hypnose qui est le produit de notre culture et prenez conscience du fait qu'un nouveau comportement se traduira dès maintenant par de nouveaux résultats.

127

On nous a enseigné à tous que les changements rapides, sur le plan des émotions, du comportement ou des croyances, peuvent signifier que nous sommes hypocrites, inconstants, ou instables. Par contre, on qualifie souvent les gens que l'on considère stables en termes élogieux, tels que: « dignes de confiance », « solides », « loyaux ». Néanmoins, cette attitude crée une pression extérieure considérable visant à préserver le statu quo et à continuer à faire exactement ce que l'on attend de nous.

Prenez conscience du fait que si vous pouvez créer un problème instantanément, vous pouvez concevoir une solution tout aussi rapidement et facilement! À bien y penser, lorsque quelqu'un semble changer très lentement, est-ce vraiment parce que ce changement a pris tellement de temps à s'effectuer ? Ou est-ce parce qu'il faut longtemps pour réaliser que le changement est absolument indispensable ?

Pour effectuer des changements rapidement, la première croyance que vous devez adopter est que vous pouvez presque tout changer dès maintenant.

128

Vous n'avez pas de défauts en soi. **Vous n'êtes pas brisé. Vous n'avez pas besoin d'être « réparé ».** Si vous essayez constamment d'éviter le rejet, c'est que votre cerveau fait bien son travail, lequel consiste à vous protéger de la souffrance. Mais le fait d'éviter entièrement le sexe opposé cause également de la douleur !

Pour créer un nouveau comportement, vous devez simplement reprogrammer « vos circuits ». Les ressources dont vous avez besoin pour changer tout ce que vous voulez dans votre vie existent déjà en vous et sont prêtes à être utilisées.

Si vous désirez améliorer un aspect quelconque de votre vie, sur le plan affectif ou comportemental, établissez-le dès maintenant et servez-vous des informations que vous trouverez dans le reste de cette section pour vous aider à réaliser ce que vous souhaitez.

129

PREMIÈRE ÉTAPE-CLÉ : CONDITIONNEMENT PAR NEUROASSOCIATIONS

Décidez ce que vous souhaitez réellement et analysez ce qui vous empêche de l'obtenir en ce moment.

N'oubliez pas que nous obtenons les choses sur lesquelles nous concentrons notre attention. Plutôt que de focaliser sur ce que vous ne voulez pas, énoncez clairement ce que vous voulez. Par exemple, au lieu de vous fixer comme objectif « d'arrêter de fumer », décidez plutôt que vous voulez « être en meilleure santé, plein d'énergie et en meilleure forme que jamais ». Plus vos plans seront précis, plus vos forces en seront décuplées, ce qui vous permettra d'atteindre rapidement votre objectif.

Une fois que vous aurez décidé de ce que vous voulez, déterminez tous les obstacles qui pourraient surgir, tels que la douleur que vous pourriez éprouver en effectuant ce changement.

Que désirez-vous? Qu'est-ce qui vous empêche de l'obtenir dès maintenant?

130

Souvent, lorsque les gens sont blessés, on les sert et on les cajole à longueur de journée. Avez-vous déjà remarqué que parfois leurs blessures ne guérissent pas aussi rapidement? Même s'ils désirent réellement recouvrer la santé, le plaisir de recevoir tout cet amour et cette attention et la permission de se détendre peuvent inconsciemment retarder ou même empêcher leur guérison.

Lorsque les gens retirent un avantage secondaire d'une émotion ou d'un comportement très douloureux qu'ils essaient de changer, cela s'appelle un « gain secondaire ». Ce besoin de conserver cet avantage secondaire est souvent l'un des principaux facteurs d'inhibition d'un changement durable.

Quels avantages cachés pourriez-vous retirer d'un comportement que vous êtes conscient de devoir changer? Quel est l'attrait de ces avantages secondaires, comparativement à la souffrance que ce comportement vous a causée par le passé, vous cause actuellement et vous causera à l'avenir?

131

DEUXIÈME ÉTAPE-CLÉ : CONDITIONNEMENT PAR NEUROASSOCIATIONS

Rassemblez vos forces : **Associez une douleur considérable au fait de ne pas changer et un immense plaisir au fait de changer immédiatement. Demandez-vous :**

1) « *Que me coûtera ce comportement (ou cette émotion) si je ne change pas ?* »

2) « *De quelles choses ne pourrai-je jamais profiter dans la vie si je n'effectue pas ce changement ?* »

3) « *Que m'a déjà coûté cet ancien comportement sur les plans mental, affectif, physique, financier, spirituel ?* »

4) « *En quoi cela affecte-t-il ma carrière et les êtres qui me sont chers ?* »

Imaginez ce changement avec des détails précis et ressentez-en les effets agréables dès maintenant. Posez-vous ces questions :

1) « *Lorsque je changerai, quels sentiments éprouverai-je envers moi-même ?* »

2) « *Quelle force d'impulsion mettrai-je en branle en effectuant ce changement ?* »

3) « *Quel effet cela aura-t-il sur ma famille et sur mes amis ?* »

4) « *Quel degré de satisfaction éprouverai-je ?* »

5) « *Est-ce que je ne mérite pas de retirer ces avantages dès maintenant ?* »

132

Il avait presque tout tenté pour essayer d'arrêter de fumer. Rien n'avait fonctionné jusqu'au jour où sa petite fille de six ans entra dans la pièce en criant : « Papa, s'il te plaît, arrête de te tuer ! Je veux que tu sois là lorsque je me marierai ! » Il fut impossible de la convaincre que la cigarette ne le tuerait pas. Il jeta ses cigarettes ce jour-là et il n'a jamais fumé depuis. Parfois, votre propre souffrance ne suffit pas à vous pousser à changer, mais la douleur que vous causez à ceux qui vous aiment peut être une force motrice importante.

Si vous avez essayé de changer, mais que vous avez échoué, il est probable que l'ingrédient qui vous manquait était cette force motrice. À moins d'arriver au stade où le changement est impératif, vous continuerez probablement à le remettre au lendemain. Mais si vous avez des motifs assez importants (la force motrice adéquate), vous vous sentirez irrésistiblement poussé à agir.

133

Voulez-vous que je vous fasse part d'une stratégie qui a fait ses preuves pour vous débarrasser de quelques kilos en trop ? Que pensez-vous de l'idée suivante ?

> *Mettez-vous d'accord avec un ami ou une amie qui désire également perdre du poids et promettez-lui, ainsi qu'à un groupe d'autres amis, que vous vous mettrez à un régime strict, que vous adopterez une alimentation saine, et que vous suivrez un programme d'exercices agréables. En outre, engagez-vous envers eux à manger toute une boîte de conserve de nourriture pour chiens si vous ne tenez pas votre promesse.*

La dame qui m'a fait part de cette anecdote m'a raconté qu'elle et son amie gardaient leur boîte de conserve sous les yeux en tout temps pour ne pas oublier leur engagement. Dès qu'elles commençaient à se sentir tenaillées par la faim ou qu'elles projetaient de sauter leur séance d'exercices, elles s'emparaient de leur boîte de conserve et lisaient l'étiquette. Le fait de savoir que ce mélange contenait des ingrédients aussi appétissants que des « morceaux de viande de cheval » renforça leur motivation et elles réussirent à suivre leur régime sans la moindre anicroche.

134

TROISIÈME ÉTAPE-CLÉ : CONDITIONNEMENT PAR NEUROASSOCIATIONS

Mettez fin à votre structure de comportement restrictif

Avez-vous déjà observé le comportement d'une mouche enfermée dans une pièce ? Tout en cherchant désespérément la sortie, elle se cogne à maintes reprises sur la fenêtre la plus proche.

Avez-vous déjà remarqué que le comportement des gens est très semblable à celui-là ? Ils sont peut-être très motivés, mais s'ils continuent à suivre des stratégies qui ne fonctionnent pas, ils n'atteindront jamais leur objectif. C'est comme le conjoint ou le parent qui vous harcèle sans cesse, en vain, ou qui obtient même des résultats opposés.

Mettez fin à votre structure de comportement restrictif en faisant quelque chose d'inattendu. Si vous avez l'habitude de harceler les autres de vos remarques, prenez-en conscience au beau milieu d'une phrase, tombez à genoux et affichez un large sourire ! Dirigez-vous vers la personne à qui vous parliez, prenez-la dans vos bras et dites-lui combien vous l'aimez.

Quelles stratégies amusantes pourriez-vous employer pour mettre fin à une structure de comportement restrictif ?

135

Pour créer un nouveau schème de pensée et une nouvelle structure affective ou comportementale, vous devez tout d'abord mettre fin à l'ancienne structure de comportement. Pour visualiser ceci, pensez à un disque compact. Pourquoi entendez-vous chaque fois la même musique lorsque vous le mettez dans votre lecteur de disques ? Parce que des sillons invisibles y sont gravés.

Tout comme il serait futile de mettre un nouveau disque compact pendant que le précédent joue encore, **c'est une perte de temps que d'essayer d'adopter une nouvelle structure de comportement sur le plan affectif ou comportemental, tant et aussi longtemps que l'ancienne structure est toujours profondément ancrée.** Adoptez plutôt cette stratégie : dès l'instant où vous vous laissez aller à votre ancienne structure de comportement, mettez-y fin d'une façon aussi loufoque, bizarre et amusante que possible. C'est comme entendre une chanson que l'on s'est promis de ne plus jamais écouter, d'ôter le disque et d'en rayer vigoureusement la surface jusqu'à ce que l'on soit certain de ne plus jamais entendre cette « chanson ».

136

La raison pour laquelle il est souvent difficile de modifier une structure (sur le plan affectif ou comportemental) est qu'elle est littéralement « programmée » en vous. Un chercheur l'a prouvé en faisant bouger le doigt d'un singe d'avant en arrière et en étudiant au fur et à mesure les connexions qui s'établissaient dans le cerveau entre les cellules nerveuses. Au fur et à mesure que ce mouvement se répétait, il remarqua que cela renforçait le tissu conjonctif et qu'après avoir fait bouger le doigt de l'animal des centaines de fois, ces connexions finirent par former une voie de transmission des fibres nerveuses. Une fois « programmé » pour ce type de comportement, le singe continua à bouger son doigt de son propre gré, même après que le conditionnement ait cessé.

Beaucoup d'entre nous, en raison de notre conditionnement, sommes entraînés à avoir des accès de colère, à nous faire du mauvais sang, à éprouver un sentiment d'insécurité, à boire trop d'alcool.

Quels réflexes positifs pouvez-vous renforcer par le biais de la répétition ?

137

Votre vie est-elle façonnée par des structures de comportement inconscientes ? Par exemple, bien des gens suivent exactement la même routine quotidienne pour se rendre au travail. Ils prennent la même autoroute, la même sortie, etc. Nous entraînons notre corps et notre cerveau à fonctionner selon une structure particulière jusqu'à ce que cela devienne une habitude. Que se passe-t-il le jour où nous devons prendre une sortie différente ? La plupart d'entre nous, en raison de notre conditionnement, manquons la sortie.

Dans d'autres domaines, nous avons des structures de comportement et des structures affectives tout aussi profondément ancrées. Est-ce que vous connaissez des gens qui ont l'habitude de se fâcher, d'être frustrés, ou de se sentir débordés et accablés ? Il serait peut-être temps de vous entraîner à vous sentir heureux, enthousiasmé ou reconnaissant. Cela vous semble-t-il difficile ? C'est tout aussi facile que de mettre fin à votre ancienne structure affective et de la remplacer par une structure agréable.

138

Ce que l'on n'utilise pas s'atrophie. Une méthode facile pour mettre fin à une structure de comportement restrictif est simplement d'éviter de s'y laisser aller. Toute chaîne neuronique (par neuro-associations) inutilisée s'atrophie petit à petit. Mais faites bien attention: cela s'applique aussi bien aux comportements négatifs qu'aux comportements positifs. **Lorsqu'on cesse de se montrer courageux, le courage diminue; lorsqu'on ne respecte pas ses engagements, l'intensité de l'engagement décroît. La passion non exprimée se dissipe.**

Dès maintenant, prenez la décision de faire quelque chose qui vous permettra d'utiliser l'une de vos émotions les plus intenses et qui décuplera vos forces. N'oubliez pas que plus vous vous exercez, plus cette émotion s'en trouvera renforcée. Nous devons exercer nos muscles émotionnels, non seulement pour obtenir des résultats, mais pour conserver notre santé et entretenir notre capacité d'intervention.

139

QUATRIÈME ÉTAPE-CLÉ: CONDITIONNEMENT PAR NEUROASSOCIATIONS

Trouvez une nouvelle solution de rechange qui décuple vos moyens.

La conclusion d'une étude portant sur des toxicomanes sevrés fut qu'il existait divers taux de rechute selon les individus. Ceux qui étaient forcés, en raison de conditions externes, à cesser de se droguer, recommençaient sitôt libérés de prison. Ceux qui étaient intérieurement motivés à cesser de se droguer, réussissaient à s'abstenir pendant deux ans. Ceux qui remplaçaient leur dépendance envers la drogue par de nombreuses alternatives, telles que la religion, l'acquisition d'une nouvelle habileté professionnelle, etc., passaient en général huit ans ou plus sans rechuter, et la majorité ne retombait jamais dans la toxicomanie.

La plupart des tentatives de changement ne sont que temporaires, car les gens n'arrivent pas à trouver une solution de rechange pour éliminer la souffrance et trouver le plaisir. Les anciennes structures de comportement doivent être remplacées et non pas simplement éliminées.

140

CINQUIÈME ÉTAPE-CLÉ : CONDITIONNEMENT PAR NEUROASSOCIATIONS

Conditionnez-vous à suivre la nouvelle structure de comportement jusqu'à ce qu'elle soit ancrée.

J'ai appris une importante leçon sur le conditionnement un jour où j'observais un accordeur de piano qui ajustait notre nouveau piano à queue. Lorsque je lui ai demandé la facture, il me dit qu'il me la donnerait lors de sa prochaine visite. « Vous voulez dire que vous n'avez pas terminé ? » lui demandai-je. Il m'expliqua patiemment que les cordes du piano étaient solides, mais qu'il fallait les conditionner constamment pour qu'elles conservent leur niveau de tension optimal.

C'est exactement ce que nous devons faire pour créer un changement durable. Nous devons conditionner notre système nerveux à réussir non pas une seule fois, mais continuellement. Après tout, vous ne vous exclameriez pas après un seul cours de gymnastique aérobique : « Maintenant, je suis en forme pour la vie ! »

141

Vous souvenez-vous du singe qui, parce qu'il avait appris à bouger continuellement son doigt, créa littéralement une connexion neuronale qui le poussa à le mouvoir constamment ? Les chercheurs ont prouvé que s'ils stimulaient l'animal sur le plan affectif pendant son entraînement, les connexions neuronales s'en trouvaient renforcées plus rapidement. Si vous vous entraînez à adopter un nouveau comportement en l'imaginant ou en le pratiquant régulièrement dans un état d'intensité affective (par exemple: enthousiasme, passion, etc.), vous établirez une nouvelle « autoroute neuronale » vers le plaisir. Ce type de conditionnement a un tel effet que vous vous sentirez automatiquement poussé à conduire sur votre nouvelle « route » (structure émotive/structure de comportement).

N'oubliez pas qu'il est important de renforcer la nouvelle structure de comportement en vous accordant immédiatement une récompense (ou à quelqu'un que vous aidez) chaque fois que vous observez ce nouveau comportement. Tout schème de pensée et toute structure affective ou comportementale que l'on renforce constamment devient une habitude.

142

La puissance inouïe du conditionnement est clairement démontrée par l'exemple de Larry Bird, le célèbre joueur de basketball de l'équipe des Celtics de Boston. Lorsque Larry fut engagé comme vedette pour vanter les mérites d'une boisson gazeuse dans une annonce publicitaire à la télévision, le scénario exigeait qu'il rate un but. **Il dut lancer le ballon neuf fois de suite avant de réussir à manquer le panier!** Il avait été tellement conditionné à envoyer le ballon dans le panier qu'il fut obligé de faire appel à toute sa concentration et de s'exercer fréquemment pour réussir à manquer un seul but. Il est certain qu'une partie du cerveau de Larry Bird est une véritable super autoroute neuronale qui contient toutes les séquences de mouvements qu'il faut exécuter pour marquer un but.

Sachez que nous pouvons conditionner n'importe quel type de comportements si nous le répétons assez fréquemment, tout en éprouvant des émotions intenses.

143

L'une des lois principales du conditionnement, c'est que toute structure de comportement que l'on renforce continuellement finit par se transformer en réaction automatique et conditionnée.

Par contre, tout ce qui n'est pas renforcé finit par se dissiper.

Quelles récompenses, sur les plans mental, affectif ou physique, pourriez-vous vous accorder pour créer les nouvelles habitudes positives que vous désirez ?

144

Est-il possible d'apprendre à un poulet à danser ? Aussi étonnant que cela puisse sembler, la réponse est oui parce que **tous les animaux et les êtres humains ont un comportement variable.**

Le secret du dresseur est d'observer le poulet de près. Chaque fois que celui-ci bouge naturellement dans la direction désirée, le dresseur renforce immédiatement le comportement de l'oiseau en lui donnant un peu de nourriture. À ce moment-là, le poulet ignore pourquoi on le nourrit ; mais chaque fois qu'il bouge dans la direction que le dresseur désire, celui-ci le récompense, ce qui renforce son comportement. En fin de compte, le poulet apprend à se tourner dans les directions désirées et cette séquence forme une danse.

Il est certain que les êtres humains sont plus complexes que les poulets. Néanmoins, vous a-t-on formé de manière à ce que vous vous comportiez d'une certaine façon au travail ou à l'école ? *Comment pouvez-vous vous servir de cette formation pour vous aider, ou encourager vos employés ou vos enfants à acquérir de bonnes habitudes qui les mèneront vers la réussite ?*

145

PREMIÈRE TECHNIQUE DE CONDITIONNEMENT

Une synchronisation impeccable joue un rôle absolument essentiel pour obtenir un conditionnement radical. Pour que le renforcement soit efficace, il doit se produire au moment précis où la personne fait ce que vous désirez. S'il s'écoule trop de temps avant que le comportement ne soit renforcé, que ce soit de façon négative ou positive, la connexion intellectuelle se produit, mais la connexion affective ne s'inscrit pas dans le système nerveux.

Par exemple, les gens qui reçoivent des amendes pour s'être garés dans un espace réservé aux personnes handicapées risquent d'être pénalisés à une date ultérieure. Mais étant donné qu'ils ne doivent payer l'amende que plusieurs semaines après, les récidivistes n'ont pas tendance à associer ce comportement à une forte douleur. Par contre, je peux vous garantir que si chaque fois qu'ils se stationnaient dans un espace réservé aux personnes handicapées, leur voiture explosait immédiatement, leur structure de comportement cesserait sur-le-champ et serait remplacée à l'instant même par une nouvelle structure !

146

PREMIÈRE TECHNIQUE DE CONDITIONNEMENT : EXERCICE

Dressez une liste de récompenses que vous pourriez vous accorder immédiatement lorsque vous agissez « comme il se doit ». Provoquez ensuite une situation particulière où vous aurez l'occasion de renforcer consciemment votre comportement en vous accordant l'une de ces récompenses.

DEUXIÈME TECHNIQUE DE CONDITIONNEMENT

Le renforcement doit être constant et cela est essentiel lorsque vous commencez à vous conditionner à adopter une nouvelle structure de comportement. Chaque fois que vous observez le comportement désiré (par exemple, si vous vous levez de table avant d'être rassasié ou si vous refusez une cigarette que l'on vous offre), accordez-vous immédiatement une récompense.

147

TROISIÈME TECHNIQUE DE CONDITIONNEMENT

Les dresseurs savent que si l'on continue à nourrir un dauphin chaque fois qu'il saute, en peu de temps il refusera de sauter à moins qu'on ne le nourrisse. Ce qui est encore pire, c'est que le dauphin se sentira peut-être rassasié et ne prendra même plus la peine de sauter du tout.

Vous et moi ne sommes pas différents des dauphins, tout comme nos enfants, nos associés et tous les gens avec qui nous avons affaire. Si vous renforcez le comportement de quelqu'un chaque fois, cela devient rapidement ennuyeux. **Sitôt qu'un modèle de comportement est établi, la méthode du renforcement variable est**

beaucoup plus efficace pour entretenir ce comportement. Aussi, au bout d'un mois environ de récompenses continuelles visant à consolider le nouveau comportement, il faut aller en diminuant. Vous devez plutôt vous récompenser ou récompenser les autres de façon spontanée !

148

Le renforcement variable est l'une des méthodes de conditionnement les plus efficaces du monde. Par exemple, analysez l'attrait qu'exerce le jeu sur certaines personnes. Si elles gagnaient toujours, ce serait stimulant au début, mais cela finirait rapidement par ressembler à un travail (c'est-à-dire qu'elles seraient payées pour tirer la manette à longueur de journée) !

Le suspense de l'incertitude, de ne pas savoir si vous serez récompensé ou non, excite le système nerveux, accroît l'intensité du plaisir au moment où l'on reçoit la récompense, et se traduit par un conditionnement profondément ancré. C'est cet état euphorique qui rend les gens toxicomanes. De même, si vous cessez de fumer et que vous vous « récompensez » par la suite en fumant une seule cigarette, l'efficacité du renforcement variable se fait sentir, ce qui intensifie votre toxicomanie. *Vous devez à tout prix éviter de tomber dans ce piège.*

149

QUATRIÈME TECHNIQUE DE CONDITIONNEMENT

Pour provoquer un changement durable, la méthode la plus efficace, c'est de combiner deux techniques :

1) Accordez-vous des récompenses à des intervalles précis peut renforcer un comportement particulier (cela s'appelle un renforcement « à horaire fixe »). Par exemple, les dauphins que l'on dresse à sauter constamment dix fois de suite, sont chaque fois récompensés lors du dixième saut. Cependant, pour s'assurer qu'ils n'apprennent pas à fournir un effort maximal seulement lors du dixième saut, les autres sauts sont aussi récompensés au hasard. Ainsi, le dauphin saute toujours aussi haut en raison de la « possibilité » stimulante de recevoir une récompense.

2) Aussi, pour renforcer votre comportement ou celui des autres de façon efficace, n'oubliez pas d'inclure des surprises spéciales pour récompenser les efforts extraordinaires.

Vous souvenez-vous de la grande satisfaction que vous avez éprouvée lorsque vous avez reçu une prime inattendue au travail ? une mention spéciale à l'école ? un voyage-surprise avec votre conjoint pendant le week-end ?

150

CINQUIÈME TECHNIQUE DE CONDITIONNEMENT

L'une des méthodes d'entraînement les plus efficaces, qu'il s'agisse de dauphins ou d'êtres humains, est le gros lot. À l'occasion, même si les performances du dauphin ne sont pas satisfaisantes, le dresseur lui donne tout de même du poisson, sans raison apparente. Fréquemment, ce genre de surprise stimule le dauphin et le pousse à recommencer à sauter.

La prochaine fois que vous, ou quelqu'un d'autre, vous sentirez accablé, il est possible que vous ayez besoin de tirer le gros lot: c'est-à-dire une gâterie spéciale que la personne en question n'a pas eu besoin de mériter, mais qui suffit à éveiller son intérêt, à lui « remonter le moral », et qui la pousse à faire de nouveaux efforts. Il est tout aussi important d'accorder une récompense plus substantielle que celle prévue pour renforcer un excellent comportement. Cela se traduira par des efforts extraordinaires à l'avenir.

Connaissez-vous quelqu'un qui a besoin ou qui mérite de décrocher le gros lot aujourd'hui ?

151

SIXIÈME ÉTAPE-CLÉ : CONDITIONNEMENT PAR NEUROASSOCIATIONS

Faites le test !

Faites le test suivant pour vérifier si vous avez bien suivi chacune des cinq étapes précédentes :

1) Assurez-vous que, quand vous pensez à votre ancienne structure affective ou comportementale, vous l'associez immédiatement à une souffrance intense.

2) Faites en sorte que le plaisir soit indissolublement lié à votre nouvelle structure. Lorsque vous pensez à votre nouveau comportement ou à vos nouvelles émotions, éprouvez-vous du plaisir plutôt que de la souffrance ?

3) Assurez-vous que ce nouveau comportement corresponde à la façon dont vous souhaitez mener votre vie. Cela concorde-t-il avec vos objectifs ? avec vos croyances ? avec votre philosophie de la vie ?

4) Assurez-vous que les avantages que vous retiriez de l'ancienne structure de comportement soient préservés. Par exemple, si vous aviez l'habitude de fumer pour vous calmer ou pour réduire votre stress, avez-vous choisi une nouvelle solution de rechange qui soit tout aussi efficace ? Votre nouveau comportement vous permettra-t-il encore d'éprouver les mêmes sensations agréables que vous procurait l'ancien ?

5) Imaginez-vous à l'avenir en train de vous comporter de cette nouvelle façon : visualisez un événement déclencheur qui vous aurait poussé à vous laisser aller à votre ancien comportement. Visualisez-vous en train d'observer automatiquement votre nouveau comportement au lieu de l'ancien.

Section 6

LE VOCABULAIRE DE LA RÉUSSITE

LE POUVOIR DU VOCABULAIRE TRANSFORMATIONNEL ET DES MÉTAPHORES GLOBALES

•

« Les mots sont le fil dont nous tissons nos expériences. »
ALDOUS HUXLEY

152

Avez-vous déjà été profondément ému par un grand orateur ? Vous souvenez-vous encore des paroles de John F. Kennedy, de Winston Churchill, de Martin Luther King fils, de Charles de Gaulle ? Grâce au pouvoir de leurs paroles, ces hommes ont eu un impact considérable, non seulement sur des citoyens comme vous et moi, mais sur des nations entières. Même après leur mort, leur souvenir reste encore gravé dans la mémoire de bien des gens.

Et pourtant, avez-vous déjà pensé au fait que vous avez le pouvoir d'éveiller votre inspiration ou de vous déprimer, tout simplement par le choix des mots que vous employez habituellement ? Les mots que vous utilisez sont-ils inspirants ou accablants ? **Suscitent-ils l'espoir ou le désespoir ? L'une des découvertes les plus importantes que vous puissiez faire est de constater que vous avez le pouvoir de changer immédiatement votre perception des événements en choisissant consciemment les mots que vous employez pour décrire vos émotions.**

153

Les mots ont le pouvoir de déclencher des guerres ou d'apporter la paix, de détruire des relations ou de les consolider. Les émotions que nous éprouvons à propos de tout événement, découlent de la signification que nous attachons à l'événement en question. Les mots que vous employez consciemment ou inconsciemment pour décrire une situation, changent immédiatement sa signification et, par conséquent, les sentiments que vous éprouvez.

Admettons que vous décriviez un événement en employant des termes extrêmement négatifs ; ne croyez-vous pas que vous éprouveriez des sentiments différents si vous décriviez le même événement en disant que vous êtes légèrement déçu ? Y a-t-il une différence sur le plan de l'intensité émotionnelle entre appeler quelque chose un problème majeur ou un défi mineur ? Que se passerait-il si vous me faisiez part de l'une de vos convictions et si je vous disais que vous faites erreur ? Et si je vous disais que vous avez tort ? Ou, pire encore, que se passerait-il si je décidais de vous traiter de « menteur » ? Cela affecterait-il notre interaction ?

154

Il y a quelques années, j'ai fait une découverte qui a changé ma vie pour toujours. J'étais en réunion d'affaires avec deux de mes associés et nous avons reçu des nouvelles qui allaient certainement se traduire par des conséquences négatives. Pourtant, l'intensité des émotions que nous avons éprouvées, fut différente. En outre, je n'ai pu m'empêcher de remarquer que nous avions tous aussi des façons différentes de décrire nos sentiments. J'étais « fâché », l'un de mes associés était absolument « enragé » et le troisième était simplement « contrarié ».

Je me souviens d'avoir pensé à ce moment-là que c'était un mot idiot pour décrire cette situation ! Je ne me sentais jamais contrarié. Ce qui m'a semblé intéressant, c'est que je n'éprouvais jamais cette émotion et que je n'utilisais jamais ce mot pour décrire ce que je ressentais. Je me suis soudain posé la question suivante: **« Était-il possible de transformer notre structure affective en adoptant un nouveau choix de mots ? »**

155

À l'issue de la réunion que je viens de décrire, je me suis engagé à adopter pendant dix jours ce mot ridicule et stupide: « contrarié » et à l'utiliser dans toutes les situations où je disais habituellement que j'étais « fâché » ou « en colère ». Les résultats furent stupéfiants. En changeant tout simplement les mots que j'employais habituellement pour décrire mes sentiments négatifs, je réussis immédiatement à atténuer leur intensité.

Le fait de dire : « Ceci me contrarie beaucoup », m'a permis de mettre fin à mon ancienne structure de comportement. En peu de temps, j'ai réussi à adopter d'autres termes, tels que : « Vous commencez à m'agacer ». Vous imaginez-vous en train de dire cela à quelqu'un qui vous a bouleversé, tout en gardant une expression sérieuse sur le visage ?

Choisissez un mot que vous employez habituellement pour décrire vos sentiments négatifs et trouvez un autre mot qui vous permettra de mettre fin à votre ancienne structure de comportement ou du moins, à atténuer l'intensité de votre réaction.

156

Lorsque vous employez un terme différent pour décrire une expérience, vous attribuez immédiatement une nouvelle signification à l'événement en question. C'est tout comme pousser un bouton biochimique différent : Vous ne changez pas seulement sur le plan intellectuel, mais également sur le plan affectif. Les mots sont des détonateurs. Si vous en doutez, imaginez quelqu'un en train de vous insulter. Il est fort probable que cela déclenchera en vous non seulement une réaction mentale, mais également une réaction physiologique.

J'ai appelé vocabulaire transformationnel ces nouveaux mots qui ont le pouvoir de transformer instantanément nos émotions, en atténuant ou en accroissant leur intensité. Il suffit simplement de modifier votre vocabulaire habituel, c'est-à-dire les mots que vous employez généralement pour décrire vos émotions et vos sensations, pour changer immédiatement votre façon de penser, vos sentiments et votre manière de vivre. C'est l'un des outils les plus simples, mais néanmoins des plus efficaces pour changer notre vie en un instant.

157

La plupart d'entre nous choisissons inconsciemment les mots que nous employons généralement pour décrire les événements que nous vivons. Nous adoptons souvent certains termes pour décrire nos émotions, sans réfléchir à l'impact éventuel que ces mots auront sur nous ou sur les autres. Ces mots font partie de notre vocabulaire habituel et façonnent la perception que nous avons de notre vie.

Par exemple, bien des gens emploient souvent des mots tels que « humiliation » ou « dépression » pour décrire à peu près tous les événements désagréables. Si on leur fait un commentaire qui leur déplaît, ils se sentent humiliés ou déprimés. Si l'on remet en question leur opinion, ils se sentent humiliés ou déprimés. Tout les humilie ou les déprime, car ils associent ces mots à presque tous les événements. **Il est essentiel d'enrichir votre vocabulaire émotionnel de telle façon que les mots que vous choisissiez déclenchent l'état affectif que vous désirez et que vous méritez.**

158

Quelle est l'importance du rôle que joue le langage dans notre perception de la vie ?

Le langage est d'une importance fondamentale.

C'est très simple, les mots que nous associons aux événements colorent l'événement et deviennent l'événement.

159

Mark Twain déclara un jour : « Le mot juste a un grand pouvoir. Chaque fois que nous trouvons l'un de ces mots d'une grande justesse, il a un effet électrisant, tant sur le plan physique que spirituel. »

Quels sont les mots qui ont l'impact le plus considérable sur vous ?

S'agit-il d'expressions de tendresse ? d'épithètes ? d'exclamations ? d'exagérations ?

160

Le vocabulaire de la plupart des gens n'est composé que de quelques milliers de mots. Lorsqu'on pense que le français, la langue la plus riche du monde, compte entre un demi et trois quarts de millions de mots, cela signifie que nous employons en général deux pour cent de notre langue ! Cependant, ce qui est pire encore, c'est que la plupart des gens n'emploient qu'une dizaine de mots, ou peut-être vingt au maximum, pour décrire leurs émotions habituelles. En outre, le plus souvent, la moitié ou plus de ces mots a une connotation négative.

Combien de mots employez-vous d'habitude pour décrire vos sentiments, soit aux autres ou à vous-même ? Combien de ces mots pourriez-vous mettre sur papier dès maintenant ?

161

Vous sentez-vous nerveux lorsque vous devez faire un discours devant un groupe de gens ? Avez-vous la gorge nouée ? Votre respiration est-elle plus saccadée ? Votre pouls est-il plus rapide ? Est-ce que vos mains tremblent ? Ces réactions ont empêché certains artistes de donner des spectacles en direct pendant des années. Néanmoins, d'autres célébrités du monde du spectacle ont découvert la façon de tirer profit de ce genre de réactions.

Par exemple, Bruce Springsteen, un chanteur reconnu, trouve ces sensations physiques « stimulantes » et considère que c'est une composante naturelle et positive du processus de préparation avant de monter sur scène. Ces sensations lui rappellent qu'il est sur le point de donner un spectacle devant des milliers de personnes, ce qui est une expérience électrisante à ses yeux. Pour lui, un pouls rapide n'est pas un ennemi, c'est un allié.

La prochaine fois que vous devrez être le centre d'attention, essayez d'interpréter la décharge d'adrénaline que vous ressentirez comme un stimulant plutôt que comme un symptôme de peur.

162

Chaque fois que nous catégorisons quelque chose, nous suscitons une émotion correspondante. Cela est particulièrement vrai lorsqu'il s'agit de la maladie. Diverses études indiquent qu'un diagnostic de cancer ou de maladie cardiovasculaire peut souvent déclencher un état de panique chez les patients, ce qui se traduit par un sentiment d'impuissance et un état dépressif qui peuvent diminuer l'efficacité du système immunitaire. Néanmoins, ces études ont démontré également que, quand les patients sont soulagés de la dépression que suscitent certains diagnostics et lorsqu'ils comprennent clairement ce dont leur corps a besoin pour guérir, ce nouvel état d'esprit plus positif stimule immédiatement leur système immunitaire.

Le Dr Norman Cousins a parfaitement exprimé cette vérité lorsqu'il a abordé le thème du vocabulaire transformationnel : **« Les mots peuvent déclencher la maladie ; les mots peuvent tuer. Aussi, les médecins sages se montrent très prudents dans leur façon de communiquer. »**

Choisissez soigneusement les mots que vous employez pour décrire votre état de santé.

163

Les gens qui ne disposent que d'un vocabulaire limité mènent une vie appauvrie sur le plan affectif. Ceux qui possèdent un vaste vocabulaire ont à leur disposition une riche palette de couleurs qui leur permet de décrire les événements de leur vie aux autres, ainsi qu'à eux-mêmes.

Que pourriez-vous faire aujourd'hui pour diversifier votre « palette affective » ? Cherchez à enrichir votre vocabulaire de mots aux connotations positives qui se traduiront par un plus grand bien-être affectif. Si vous utilisiez constamment ces mots, ne croyez-vous pas que cela vous permettrait de jouir davantage de la vie ?

Connaissez-vous des personnes qui mènent une vie extraordinairement heureuse ou passionnante ? Quels termes emploient-ils constamment pour décrire les événements ? Pourriez-vous les imiter et adopter ainsi certaines de leurs structures émotionnelles positives ?

164

Avez-vous décidé que l'heure est venue d'employer le vocabulaire transformationnel quand vous vous sentez morose et sans entrain ? C'est un outil très efficace ! Faites l'exercice suivant :

1) Inscrivez trois des mots que vous employez habituellement lorsque vous êtes de fort mauvaise humeur.

2) Lorsque vous serez d'humeur enjouée et même peut-être espiègle, réfléchissez intensément jusqu'à ce que vous trouviez de nouveaux mots qui puissent mettre fin à votre ancienne structure affective ou qui puissent du moins atténuer l'intensité de vos émotions négatives. Choisissez des mots tellement ridicules, bizarres ou incongrus, qu'ils interrompront votre élan négatif et susciteront immédiatement en vous un sentiment de gaieté. L'une des raisons pour lesquelles j'emploie maintenant le terme « agacé » ou « contrarié » au lieu de « fâché », c'est que ces mots sont parfaitement ridicules. Je ne peux pas toujours garder mon sérieux tout en disant que je me sens « agacé ».

165

Il est possible d'atténuer l'intensité des émotions négatives en employant des mots qui modifient notre état d'esprit et atténuent notre malaise.

Ne vous contentez pas de substituer le terme « contrarié » au terme « fâché » ; essayez d'adopter certaines de ces phrases :

« Je commence à me sentir légèrement agacé. »

« Je ne me sens pas tout à fait dans mon assiette. »

« Je suis quelque peu indisposé. »

« Cela ne me convient pas vraiment. »

166

Comment communiquez-vous avec vos enfants ? Souvent, nous ne nous rendons pas compte de l'impact que nos paroles ont sur eux. Au lieu de vous écrier: « Comme tu es maladroit ! » ou: « Pourquoi ne te tiens-tu pas tranquille ? »(car ces remarques peuvent miner la confiance en soi de votre enfant), **essayez plutôt de faire preuve d'humour pour interrompre son cycle négatif.**

Vous pourriez dire, par exemple : « Si tu continues comme ça, je ne serai pas très content », tout en souriant. Dites quelque chose pour changer le centre d'attention de votre enfant, vous permettre de mieux communiquer avec lui et d'améliorer son comportement. Faites-lui ensuite une suggestion, comme : « Chéri, si tu fais les choses différemment, je pense que tu obtiendras les résultats que tu désires. »

167

Voici comment maximiser vos chances en employant le vocabulaire transformationnel de façon régulière.

1) Faites part de votre projet à trois de vos amis, dites-leur quels sont les mots ou les phrases que vous souhaitez éliminer de votre vocabulaire habituel et par quels mots ou quelles phrases vous désirez les remplacer.

2) Surveillez-vous pendant les dix jours suivants. Si vous vous surprenez à employer d'anciens mots, interrompez immédiatement ce cycle en utilisant les nouveaux mots. Si vous vous surprenez à utiliser automatiquement l'un des nouveaux mots, accordez-vous immédiatement une récompense.

3) Vos amis ont pour mission de vous aider à rester sur le droit chemin. Chaque fois qu'ils remarqueront que vous employez l'un de vos anciens mots, ils devront vous remettre sur la bonne voie. Par exemple: « Es-tu fâché ou es-tu simplement légèrement agacé ? », « Es-tu frustré ou fasciné ? »

168

Devons-nous toujours atténuer l'intensité de nos émotions négatives ? Certainement pas. Toutes les émotions ont un rôle à jouer. Par exemple, certaines personnes éprouvent parfois le besoin de se fâcher, car cela décuple leurs moyens et les pousse à changer.

Cependant, il y a d'autres lignes de conduite à adopter avant de se mettre dans un état émotionnel aussi négatif et d'une telle intensité. Parfois, ces états sont injustifiés, inutiles, ou peu appropriés.

Le but consiste à éprouver continuellement moins de souffrance et plus de plaisir dans la vie.

169

Le vocabulaire transformationnel nous aide à éliminer des structures de comportement qui provoquent de la souffrance. Ces nouveaux mots peuvent également augmenter notre plaisir. **Commencez à intensifier vos émotions positives en faisant l'exercice suivant:**

1) Inscrivez trois mots ou trois phrases que vous employez habituellement pour décrire vos états émotionnels positifs. Les mots que vous avez choisis sont-ils peu inspirants ?

2) Trouvez maintenant trois nouveaux mots ou trois phrases qui vous enthousiasmeront particulièrement.

3) Demandez à trois de vos amis de vous aider à respecter vos nouveaux critères supérieurs. Par exemple : « Est-ce que cela t'intéresse ou est-ce que tu éprouves un désir irrésistible de faire telle ou telle chose ? », « Est-ce que tu te sens heureux ou débordant d'enthousiasme ? » Si vous réussissez à rassembler vos forces au cours des dix prochaines journées, vous pourrez dès lors commencer à employer ces nouveaux mots de façon efficace.

170

Les mots ont un impact considérable sur nos émotions ; en outre, certains groupes de mots, ceux que nous employons comme des métaphores, ont un effet véritablement explosif. Par exemple, vous pourriez dire : « Je suis fâché contre Jean. » Ou vous pourriez employer cette métaphore : « Jean m'a fait un coup de Jarnac, il m'a ni plus ni moins poignardé dans le dos. » Laquelle de ces deux descriptions évoque-t-elle une émotion plus intense ? Il est indubitable que la pensée d'être trahi vous affectera bien davantage.

Lorsqu'on emploie une métaphore, on ne décrit pas l'événement réel ; on le compare à quelque chose d'autre qui fait image dans notre esprit. Nos métaphores évoquent souvent des sentiments plus intenses que la réalité. Qu'est-ce que Jean a réellement fait ? Il n'a peut-être pas tenu sa promesse, mais il y a une grande différence entre ne pas tenir sa promesse et trahir quelqu'un, n'est-ce pas ?

Quelles sont les métaphores que vous employez habituellement pour décrire des expériences pénibles ou frustrantes ?

171

L'apprentissage est le processus qui consiste à créer un rapport entre quelque chose que l'on connaît déjà et quelque chose de nouveau. Lune des façons d'apprendre, c'est d'utiliser une métaphore pour comparer deux choses.

Quelles que soient les croyances spirituelles de chacun, la plupart des gens tombent d'accord sur le fait que Jésus-Christ a été un remarquable maître. Comment enseignait-Il ? Il employait des métaphores. Lorsqu'Il aborda les pêcheurs, il ne leur dit pas : « Je veux que vous recrutiez des chrétiens. » Il déclara : « Je veux que vous deveniez des pêcheurs d'hommes. » En employant la métaphore de la pêche (activité qui leur était familière) et en établissant un rapport avec une nouvelle idée (la diffusion des croyances chrétiennes), il leur enseigna instantanément en quoi consistait ce processus. Une métaphore peut vous permettre de percer le voile de l'ignorance et de voir instantanément les choses de façon très claire.

La prochaine fois que vous vous sentirez dérouté par un nouveau concept, posez la question suivante : « À quoi cela ressemble-t-il ? Pouvez-vous me donner une métaphore ? »

172

Même si nous n'en avons pas conscience, nous utilisons constamment des métaphores pour décrire divers aspects de notre vie. Les métaphores façonnent notre perspective de la vie. Par exemple, si je vous posais cette question-ci : « À quoi ressemble la vie ? Donnez-moi une métaphore. » Vous pourriez décrire la vie comme une bataille, alors que quelqu'un d'autre l'appellerait peut-être un jeu, un test ou une danse. **Ce sont là des métaphores globales, car elles ont simultanément un impact général sur de nombreux aspects de notre vie.**

Si vous affrontez les événements en vous fondant sur l'hypothèse que la vie est une bataille, quelle sera votre perception des événements ? Vous penserez certainement que la vie est dure ; vous pourriez vous perdre ou vous faire tuer ; les inconnus que vous croisez dans la rue pourraient être des ennemis. Et si la vie était plutôt un jeu ? Cela pourrait être drôle et amusant. Et si la vie était une danse ? Les événements obéissent peut-être à un rythme naturel, à une cadence.

173

Quelle est la métaphore qui « vous convient » ? **Il est probable que diverses métaphores s'appliquent selon les circonstances.** Parfois, il faut percevoir la vie comme un jeu et avoir une perspective plus gaie des événements. Quelquefois, il faut la percevoir comme un voyage sacré, ce qui vous permet d'apprécier les dons que le Seigneur vous a envoyés, qu'il s'agisse de vos amis, de votre famille ou des occasions qui se sont présentées à vous.

Il est parfois utile de percevoir la vie comme un test ou un défi, tout particulièrement lorsqu'il faut affronter une situation qui semble n'avoir aucun aspect positif. Si vous choisissez une nouvelle façon de vous représenter la vie, vous réagirez différemment aux situations et votre façon de penser, vos sentiments et vos réactions changeront automatiquement.

Combien d'autres métaphores positives pourriez-vous employer pour décrire les diverses significations que vous attribuez à la vie ? Dressez-en une liste immédiatement.

174

Votre niveau de stress ne diminuerait-il pas si vous pensiez à affronter les divers défis que la vie vous lance comme s'il s'agissait de « gravir les échelons de la réussite » plutôt que de « vous efforcer de tenir le coup » ? Votre perception d'un examen changerait certainement si vous en parliez comme s'il s'agissait de « le passer les mains dans les poches » plutôt qu'en « suant sang et eau » ? Votre perception du temps changerait sûrement si vous disiez que « le temps file » plutôt que « je ne sais pas comment tuer le temps » !

Quelles métaphores employez-vous pour décrire les choses que vous faites quotidiennement ? Quels sentiments ces métaphores provoquent-elles en vous ? Quelles nouvelles métaphores pourriez-vous employer dont les connotations positives vous rendraient la vie plus agréable ?

175

Les métaphores peuvent nous donner de l'espoir. Lorsque l'avenir paraît sombre, on pense souvent : « Ça va durer éternellement. » Pourquoi ne pas utiliser plutôt une métaphore dont vous êtes certain, telle que : « Il y a différentes saisons dans la vie et il s'avère tout simplement que c'est l'hiver en ce moment. » N'oubliez pas que si certains gèlent en hiver, d'autres font du ski !

En outre, sur quoi l'hiver débouche-t-il invariablement ? Sur le printemps ! Tout comme le jour succède à la nuit. Le soleil brille et l'heure est venue de planter de nouvelles graines. L'été fait ensuite son apparition. Puis l'automne arrive et c'est la saison où vous voyez enfin vos efforts récompensés.

Parfois, les choses ne se déroulent pas telles que prévues, mais **si vous avez confiance dans les saisons de la vie, vous verrez qu'un jour vous récolterez enfin la moisson que vous avez semée.**

176

Si vous sentez que quelque chose vous « retient », ou que vous vous trouvez devant un « mur » qui entrave vos progrès, analysez les métaphores que vous employez. Vous vous rendrez certainement compte que vous utilisez des métaphores qui vous empêchent d'exploiter vos ressources et de trouver des solutions. Il est difficile de se trouver devant un mur ou devant quelque chose « d'invisible » qui nous bloque le chemin.

Étant donné que c'est vous qui avez choisi cette métaphore, vous pouvez tout aussi facilement la changer. Si vous avez l'impression « de vous heurter à un mur », pourquoi ne pas cesser de vous percuter contre lui en décidant d'y percer un trou ? ou de le franchir ? ou de creuser un tunnel sous le mur ? ou tout simplement d'ouvrir une porte et de le traverser ? ou de percevoir ce mur comme un tremplin ?

En modifiant vos métaphores, votre façon d'affronter les situations changera entièrement.

177

Pour vous souvenir du pouvoir de la persévérance, analysez la métaphore du tailleur de pierre. Comment brise-t-il un immense bloc de pierre ? De toutes ses forces, il y donne de grands coups. Parfois, le premier coup ne laisse même pas de traces, mais il frappe à nouveau, des centaines et peut-être même des milliers de fois.

Il persévère même lorsque ses actes semblent futiles. Mais il sait que **ce n'est pas parce qu'on n'obtient pas de résultats immédiats que l'on ne progresse pas.** Aussi, continue-t-il à donner des coups sur la pierre. À un moment donné, la pierre s'ouvre pratiquement en deux. Est-ce parce que le dernier coup a brisé la pierre ? Certainement pas. Cela est attribuable à l'effort constant que le tailleur de pierre a fourni pour relever ce défi.

Comment pouvez-vous utiliser cette métaphore dans votre vie pour persévérer avec passion ?

178

Le fait de changer une métaphore globale peut transformer instantanément votre perception de toute votre vie. Dans l'un de mes colloques, une femme se plaignait de tout : la pièce était trop chaude, puis trop froide ; la personne assise devant elle était trop grande. **De nombreux participants la trouvaient « insupportable », mais sachant que le comportement repose toujours sur des croyances, j'ai tenté de découvrir la croyance ou la métaphore qui la poussait à exaspérer tout le monde.** Je l'ai finalement découverte : « Ce sont les petites fissures qui font couler le navire. » Si vous étiez convaincu que le moindre détail ferait couler votre navire, il est probable que vous vous feriez du souci pour les plus infimes détails !

Une fois munie d'une nouvelle métaphore globale, elle changea du tout au tout et devint le clown de la classe.

Parmi vos métaphores globales, quelle est celle qui pourrait faire couler votre navire ?

179

Souvent, les métaphores que nous employons dans un contexte particulier, comme le travail, ne sont pas appropriées dans un autre

contexte, comme les relations interpersonnelles. Je connais un homme qui était tellement détaché sur le plan affectif que sa famille se sentait complètement isolée de lui. Il n'exprimait jamais ses véritables sentiments et il semblait maîtriser constamment ses émotions. Devinez quelle était sa profession : c'était un contrôleur de la circulation aérienne !

La qualité essentielle dans son travail était de rester toujours parfaitement calme et détaché, même dans des situations de crise, pour ne pas alarmer les pilotes qu'il guidait. Même si cette attitude était nécessaire dans la tour de contrôle, elle n'était pas de mise à la maison.

Faut-il remplacer certaines de vos métaphores par d'autres qui sont plus compatibles avec votre situation ? Pourriez-vous aider un ami en lui donnant ce conseil ?

180

Découvrez et maîtrisez vos métaphores en faisant l'exercice suivant :

1) Inscrivez quelques-unes des métaphores que vous employez pour décrire la vie. Passez votre liste en revue et posez-vous cette question-ci : *« Si c'est ainsi que je perçois la vie, quels sont les sentiments que cela évoque en moi ? »* Quels sont les avantages et les désavantages que crée cette métaphore ?

2) Inscrivez toutes les métaphores que vous associez à un ou deux aspects importants de votre vie, comme vos relations interpersonnelles ou professionnelles. Ces métaphores sont-elles énergisantes ou paralysantes ? Le simple fait de prendre conscience de cela peut vous aider à les changer.

3) Créez de nouvelles métaphores plus énergisantes pour décrire la vie et chacune des sphères d'activité sur lesquelles vous vous êtes concentré.

4) Prenez la décision de vivre avec ces nouvelles métaphores au cours des trente prochains jours et vous serez alors en mesure de constater leur effet sur votre structure de comportements.

181

Parfois, une métaphore est la meilleure façon d'aider les autres.

Lorsque mon fils Josh avait six ans, l'un de ses amis est décédé et il est rentré à la maison en larmes.

« Chéri, lui dis-je, je sais ce que tu ressens, mais cela est attribuable au fait que tu es encore une chenille. » Cette interprétation réussit à le distraire de son chagrin. Je lui expliquai alors que lorsqu'une chenille s'enferme dans son cocon, on dirait qu'elle est en train de mourir. « Mais que se passe-t-il en réalité ? demandai-je à Josh.

– Elle se transforme en papillon, dit-il.

– C'est juste, lui répondis-je. C'est le début d'une nouvelle vie. Tu ne vois plus ton ami parce qu'en fait, il vole au-dessus de toi, plus beau et plus puissant que jamais. Parfois, nous devons faire confiance à Dieu, car il sait mieux que nous à quel moment nous devons nous transformer en papillon… »

Section 7

COMMENT UTILISER VOS SIGNAUX D'ACTION

LES ÉMOTIONS

•

« Sans émotions, l'obscurité ne peut pas céder le pas à la lumière et l'apathie ne peut faire place au mouvement. »
CARL JUNG

182

Vous êtes la source de toutes vos émotions. Vous pouvez les créer ou les changer à tout moment.

Si c'est aussi simple, pourquoi ne le faisons-nous pas ? La plupart d'entre nous considérons qu'il est « naturel » de se sentir mal, mais qu'il faut avoir une raison pour se sentir bien.

En fait, vous n'avez besoin d'aucun prétexte pour vous permettre de vous sentir bien.

Vous pouvez décider de vous sentir bien dès maintenant, tout simplement parce que vous êtes vivant, tout simplement parce que tel est votre bon plaisir.

Cela ne dépend de rien ni de personne d'autre que vous !

183

Quelle est la meilleure façon de composer avec les émotions négatives ? Il existe plusieurs façons de réagir qui sont courantes, mais inefficaces. On peut ignorer ses émotions ; il est certain que cela ne les fera pas disparaître. On peut les supprimer, mais elles se manifesteront certainement par une autre tangente. On peut s'y laisser aller et s'apitoyer sur son sort, mais cela n'arrange rien. On peut essayer de rivaliser avec les autres en disant : « Si tu crois que tu as des problèmes, les miens sont encore pires ! »

Il va de soi que la stratégie la plus intelligente est de les transformer et d'en tirer une leçon en maîtrisant la situation, en cherchant des solutions, et en sachant en tirer parti pour rehausser votre qualité de vie et celle de tous ceux que vous avez le privilège de côtoyer.

184

Il est essentiel de comprendre que toutes les émotions peuvent vous être utiles. **Les émotions que vous avez perçues par le passé comme étant des émotions négatives sont tout simplement des invitations à passer à l'action.** Par exemple, si vous vous sentez frustré (nous analyserons ceci un peu plus loin de façon plus détaillée), cela signifie que vous croyez que les choses pourraient aller mieux, mais que ça va mal. C'est une invitation à passer à l'action. C'est une indication que vous devez faire quelque chose pour améliorer la situation dès maintenant.

En fait, cette émotion « négative » est un don du ciel si vous savez vous en servir efficacement.

À partir de maintenant, lorsque vous penserez aux émotions que vous considériez négatives, percevez-les plutôt comme des invitations à passer à l'action, comme « un signal d'action ».

185

Si vous avez déjà éprouvé de la souffrance dans une situation quelconque, c'est le résultat de votre façon d'interpréter les événements, c'est-à-dire de votre perception (centre d'attention), ou bien cela découle de votre façon d'agir (vos stratégies actuelles, les gestes que vous posez). Nous pourrions appeler cela votre « marche à suivre ».

Si les sentiments que vous éprouvez vous déplaisent, **il faut soit changer votre centre d'attention (ou votre perception), soit changer ce que vous faites (votre marche à suivre) et vous observerez immédiatement une grande amélioration sur le plan affectif.**

Trouvez de nouvelles façons de communiquer avec votre conjoint ou avec votre patron, ou bien si vous êtes porté à croire que tout le monde doit être d'accord avec votre point de vue, changez cette perception.

186

Chaque fois que vous ressentez une émotion pénible, voici cinq étapes que vous pouvez franchir très rapidement pour en tirer une leçon et apprendre à utiliser ce signal d'action.

1) **Déterminez ce que vous éprouvez réellement.**

2) **Prenez conscience et sachez apprécier vos émotions.** Sachez qu'à un certain niveau, elles vous aident à effectuer des changements positifs en vous poussant à agir.

3) **Devenez curieux!** Rendez-vous compte du fait que cette émotion vous envoie un message qui vous indique qu'il est essentiel de changer certaines choses. Faut-il que vous modifiiez votre perception ou votre marche à suivre?

4) **Dites-vous bien que vous êtes parfaitement capable de maîtriser immédiatement cette émotion parce que vous avez réussi à le faire par le passé.** Souvenez-vous d'une situation où vous avez réussi à maîtriser cette émotion et calquez votre comportement actuel sur votre ancien comportement pour apprendre comment réagir aujourd'hui et à l'avenir.

5) **Enthousiasmez-vous et passez à l'action!**

187

Dans le feu de l'action, il peut être difficile de se montrer «curieux» à propos de ses émotions. Voici quatre questions que vous devriez vous poser pour tirer une leçon de vos signaux d'action et pour apprendre à les utiliser:

1) *Dans quel état est-ce que je désire réellement me sentir en ce moment?*

2) *Sur quelle croyance me suis-je basé pour éprouver les émotions que je ressens actuellement?*

3) *Qu'est-ce que je suis disposé à faire pour créer une solution et maîtriser cette situation dès maintenant?*

4) *Quelle leçon puis-je tirer de cette expérience?*

188

Pour avoir confiance en vous et acquérir la certitude que vous êtes capable de maîtriser une émotion négative, souvenez-vous d'une situation où vous avez éprouvé les mêmes sentiments: **prenez conscience du fait que vous avez réussi à maîtriser cette émotion par le passé.** Vous êtes-vous déjà trouvé dans une situation où vous avez réussi à surmonter votre dépression? Ou encore, pensez à une situation où vous vous êtes senti frustré ou accablé, mais où vous êtes parvenu à vous ressaisir et à retrouver votre équilibre.

Calquez votre comportement actuel sur d'anciens comportements qui vous ont permis de maîtriser la situation. Quelle stratégie avez-vous employée à l'époque? Avez-vous changé votre centre d'attention? Vous êtes-vous posé une meilleure question? Avez-vous mis fin à votre structure de comportement ou à votre structure émotionnelle, et avez-vous réussi à retrouver votre équilibre en changeant vos réactions physiologiques ou en faisant une promenade, par exemple ?

Si vous commencez à nouveau à éprouver le même genre d'émotion, employez les mêmes stratégies que vous avez utilisées par le passé pour renverser la situation.

189

Visualisez-vous à maintes reprises en train de maîtriser des situations qui pourraient s'avérer pénibles et qui pourraient déclencher à l'avenir des émotions négatives.

Voyez-vous, entendez-vous, et sentez avec quelle facilité vous maîtrisez la situation jusqu'à ce que vous vous soyez conditionné et que vous ayez acquis la certitude que vous pouvez affronter n'importe quelle situation avec confiance et dynamisme.

190

Ma philosophie est « d'étouffer le monstre dans l'œuf ».

Le meilleur moment pour maîtriser une « émotion négative », c'est de le faire dès que l'émotion se manifeste.

Il est beaucoup plus difficile d'interrompre un cycle affectif négatif lorsque nos émotions ont déjà pris de l'ampleur.

191

PREMIER SIGNAL D'ACTION

Les émotions déplaisantes telles que l'ennui, l'impatience, la gêne, l'angoisse ou l'embarras vous envoient un message agaçant que quelque chose ne va pas. Cela est attribuable au fait que votre perception de la situation vous met mal à l'aise ou que les gestes que vous posez actuellement sont incompatibles avec votre objectif.

La solution

1) Utilisez les habiletés que vous avez acquises dans la deuxième section de ce livre pour changer immédiatement votre état affectif.

2) Déterminez clairement quels sont les sentiments que vous désirez éprouver à présent ou quel est l'objectif que vous souhaitez atteindre.

3) Changez ou raffinez votre stratégie. Essayez d'adopter une méthode d'approche légèrement différente pour voir si vous pouvez immédiatement changer les émotions que vous ressentez à propos de la situation ou si vous pouvez changer les résultats que vous obtenez. Chaque fois qu'un conflit affectif demeure irrésolu, le premier signal d'action risque de se transformer en un signal plus puissant : le deuxième signal d'action.

192

DEUXIÈME SIGNAL D'ACTION

Si nous n'apprenons pas à résoudre les situations qui nous mettent mal à l'aise, celles-ci peuvent éveiller la crainte en nous. Les émotions liées à la crainte, telles que l'appréhension, l'inquiétude, et l'anxiété sont simplement une invitation à passer à l'action qui vous indique que vous **devez mieux vous préparer pour affronter la situation qui vous attend.**

La solution

1) Pensez à la situation qui vous cause de la crainte et décidez de la stratégie que vous devez adopter pour vous préparer mentalement ou physiquement.

2) Décidez de la stratégie à adopter pour affronter la situation le plus efficacement possible.

3) Une fois que vous vous serez préparé, prenez la décision d'arrêter de vous faire du souci, puis visualisez-vous en train de maîtriser cette situation sans hésitation et avec brio, jusqu'à ce que vous vous sentiez parfaitement maître des événements.

193

TROISIÈME SIGNAL D'ACTION

Lorsque vous avez le sentiment d'avoir perdu quelque chose, vous en éprouvez de la tristesse, ce qui déclenche un signal d'action. Ce sentiment de perte est souvent illusoire.

Ce signal d'action nous indique qu'il faut **changer notre perception ou prendre conscience que nos attentes étaient peut-être déplacées.**

La solution

1) Prenez conscience du fait que vous n'avez pas réellement perdu quoi que ce soit. Lorsque quelqu'un hausse le ton, cela ne veut pas nécessairement dire que cette personne ne vous aime plus.

2) Réévaluez la situation en vous posant ces questions-ci: *« Est-il possible que, même si on n'a pas répondu à mes attentes, j'ai en fait gagné quelque chose d'autre ? Est-ce que j'ai jugé la situation trop rapidement ? Me suis-je montré trop dur ? »*

3) Faites part de votre sentiment à la personne qui en est la cause de façon aussi élégante et pertinente que possible : « Je sais que tu as de bons sentiments envers moi. Peux-tu m'expliquer ce qui s'est réellement produit ? »

194

QUATRIÈME SIGNAL D'ACTION

Le signal d'action provoqué par la colère, l'agacement, la rancune ou la rage est une émotion puissante. Cela provient du fait que nous nous sommes sentis blessés et que nous n'avons pas mis les choses au clair. Ce signal d'action nous indique que nous **avons enfreint, ou que quelqu'un d'autre a enfreint, l'une de nos règles principales ou l'une de nos normes.**

La solution

1) Prenez conscience du fait que vous avez peut-être mal interprété la situation et que la personne qui, selon vous, a « enfreint vos règles » n'en est peut-être pas du tout consciente.

2) Prenez conscience du fait que vos règles ne sont peut-être pas les « bonnes » règles (ce qui est parfois difficile à faire).

3) Mettez fin à ce sentiment de colère en vous posant des questions, telles que : *« Dans l'ensemble, est-il vrai que cette personne a réellement de bons sentiments à mon égard ? Quelle leçon puis-je tirer de ce qui vient de se produire ? Comment puis-je communiquer à cette personne l'importance que ces critères ont pour moi ? »*

195

CINQUIÈME SIGNAL D'ACTION

Le signal d'action provoqué par la frustration signifie qu'en dépit de votre manque de progrès actuel, vous estimez que vous pourriez améliorer ce que vous faites et que vous pourriez obtenir de meilleurs résultats. Cette invitation à passer à l'action vous indique qu'il faut **changer votre façon d'aborder la question, ce qui vous permettra d'obtenir tout de même ce que vous souhaitiez.**

La solution

1) Sachez vous montrer souple ! Prenez conscience du fait que la frustration est votre alliée et réfléchissez intensément jusqu'à ce que vous trouviez de nouvelles façons d'obtenir des résultats.

2) Trouvez un modèle de comportement et calquez votre comportement sur celui de quelqu'un qui a trouvé une façon d'atteindre les objectifs qui vous tiennent à cœur, et inspirez-vous de sa façon d'agir.

3) Voyez comme il est fascinant d'acquérir des notions qui peuvent vous permettre de relever ce défi sans gaspiller de temps ni d'énergie, et en éprouvant de la joie.

196

SIXIÈME SIGNAL D'ACTION

Le signal d'action engendré par la déception correspond aux sentiments pénibles que vous éprouvez lorsqu'on vous a déçu ; ce sentiment repose sur la croyance que vous ne réussirez jamais à obtenir quelque chose en particulier. Ce signal d'action vous indique qu'il faut **changer vos attentes.**

La solution

1) Évaluez quelle leçon vous pouvez tirer de cette situation ou changez vos attentes.

2) Fixez-vous un nouvel objectif qui vous enthousiasme encore davantage et dont vous pouvez vous rapprocher rapidement.

3) Prenez conscience du fait que vous portez peut-être des jugements trop hâtifs. Souvent les choses qui vous déçoivent ne sont que des difficultés passagères.

4) Sachez vous montrer patient. Évaluez à nouveau ce que vous désirez sincèrement et dressez immédiatement un plan encore plus efficace pour atteindre votre objectif.

5) Cultivez une attitude positive à propos des événements futurs, sans vous soucier de ce qui s'est produit par le passé.

197

SEPTIÈME SIGNAL D'ACTION

Le signal d'action provoqué par la culpabilité vous indique que vous avez enfreint l'un de vos principaux critères et que vous devez immédiatement faire quelque chose pour corriger la situation et faire en sorte de ne plus jamais transgresser ce critère. C'est ainsi que nous conservons notre intégrité.

La solution

1) Reconnaissez que vous avez manqué à l'une de vos normes principales.

2) Prenez l'engagement ferme que ce comportement ne se reproduira plus jamais. Visualisez mentalement et sur le plan affectif comment vous affronteriez la même situation si elle venait à se reproduire conformément à vos critères personnels les plus élevés.

3) Ne vous culpabilisez pas à outrance. Maintenant que vous vous êtes servi de votre culpabilité pour vous remettre sur la bonne voie, cessez de vous accuser ; suivez à nouveau le plan que vous vous étiez tracé ! Ce n'est pas en cultivant le remords que vous améliorerez votre vie ni celle des autres.

198

HUITIÈME SIGNAL D'ACTION

Le signal d'action qui provient de vos points faibles vous indique que **vous n'êtes pas convaincu de posséder actuellement les informations, la compréhension, les stratégies ou la confiance nécessaires pour exécuter les tâches qui vous incombent.** C'est un signal que vous avez besoin d'autres ressources.

La solution

1) Vous évaluez peut-être votre performance en fonction de critères injustes. Posez-vous cette question-ci : *« Ai-je vraiment la capacité de résoudre ce problème ? Est-ce que c'est ma perception de moi-même qui m'empêche de me sentir à la hauteur ? »*

2) Si vous décidez que vous n'avez pas réellement les habiletés nécessaires pour résoudre cette situation, interprétez votre sentiment d'incompétence comme un signal que vous devez progresser.

3) Imitez le comportement de quelqu'un qui a bien réussi dans ce domaine et familiarisez-vous avec certaines stratégies simples que vous pouvez utiliser immédiatement pour devenir plus compétent et plus efficace dans ce domaine.

199

NEUVIÈME SIGNAL D'ACTION

Les signaux d'action provoqués par le surmenage, l'accablement, le chagrin, la dépression et l'impuissance se manifestent lorsque nous pensons à tous les événements qui se sont produits et sur lesquels nous n'avons aucune emprise.

Vous devez déterminer toutes les composantes du problème et vous fixer des sous-objectifs simples.

La solution

1) Décidez quelle est la priorité à laquelle vous devez absolument accorder votre attention.

2) Dressez une liste des étapes principales selon leur ordre d'importance, de façon à progresser dans ce domaine, ce qui vous donnera le sentiment de maîtriser la situation.

3) Attaquez-vous immédiatement à la première étape sur votre liste.

4) Lorsque vous vous sentez envahi par des émotions telles que le chagrin, concentrez-vous sur les choses que vous pouvez maîtriser. Rendez-vous compte que toute situation comporte une signification sous-jacente dont il est possible de tirer une leçon. N'oubliez pas que tous les événements se produisent pour une raison et que vous pouvez en tirer parti si vous savez les interpréter correctement.

200

DIXIÈME SIGNAL D'ACTION

Le signal d'action provoqué par la solitude vous indique que vous avez besoin d'établir un lien avec les autres, qu'ils sont importants pour vous et que vous aimez être en leur compagnie. C'est un signe que **vous devez sortir de votre coquille et cultiver vos relations.**

La solution

1) Prenez conscience du fait que vous pouvez immédiatement sortir de votre isolement et établir des liens avec les autres. Il existe partout des gens bons et généreux.

2) Analysez quel genre de rapport vous souhaitez établir : une simple amitié ? une relation amoureuse ? quelqu'un qui saura vous écouter et faire preuve d'empathie ?

3) Passez immédiatement à l'action pour sortir de votre isolement et établir un lien avec quelqu'un.

201

Comment pouvez-vous être certain d'avoir constamment à l'esprit les signaux d'action qui vous aideraient à mettre fin aux structures de comportement qui ne mènent à rien ? Inscrivez-les tous sur une fiche de petit format que vous pouvez porter sur vous. Lorsqu'une situation bouleversante se produit, concentrez-vous sur la signification que cette émotion revêt pour vous et sur la façon dont elle peut vous être utile. Accrochez l'une de ces petites fiches sur votre pare-soleil dans la voiture pour pouvoir la relire plusieurs fois par jour, tout particulièrement lorsque vous vous trouverez pris dans un embouteillage !

Nous étudierons à présent les dix émotions du pouvoir, les émotions dynamisantes, dont vous pouvez vous servir immédiatement pour remplacer toute structure négative.

202

PREMIÈRE ÉMOTION DYNAMISANTE

Cultivez les émotions telles que l'amour et la cordialité.

J'ai trouvé dans *Le Cours en miracles*[2], une merveilleuse croyance fondamentale que je vous suggère d'adopter : « **N'accepte que les pensées aimantes en autrui et considère tout le reste comme un appel à l'aide.** »[3]

Si quelqu'un vient vous trouver dans un état de colère ou de chagrin, et si vous réagissez en faisant preuve de cordialité et de bonté, l'état négatif de cette personne changera ou l'intensité de ses émotions s'atténuera considérablement.

203

DEUXIÈME ÉMOTION DYNAMISANTE

Cultivez les émotions telles que la reconnaissance et la gratitude.

Ce sont deux des émotions les plus spirituelles que nous puissions éprouver et elles rehaussent la qualité de notre vie plus que tout.

Sachez vivre en faisant preuve de gratitude !

---

2. *De dons en miracles*, publié aux éditions Un monde différent, est un livre conçu à partir des plus beaux extraits de ce Cours.
3. Tirée de l'extrait intitulé *Réinterpréter la colère et l'attaque* de l'ouvrage *De dons en miracles*, éditions Un monde différent, p. 203.

204

TROISIÈME ÉMOTION DYNAMISANTE

Cultivez la curiosité.

Si vous voulez réellement évoluer, apprenez à être aussi curieux qu'un enfant.

Les gens curieux ne s'ennuient jamais.

À leurs yeux, la vie est une éternelle étude du bonheur.

205

QUATRIÈME ÉMOTION DYNAMISANTE

Cultivez l'enthousiasme et la passion.

Ces sentiments décuplent notre énergie, nous permettent de progresser à un rythme accéléré et de transformer les défis difficiles à relever en de merveilleuses occasions d'apprendre.

Éveillez votre passion en déclenchant certaines réactions physiologiques: parlez plus rapidement, visualisez les images plus vite et bougez votre corps dans la direction que vous voulez adopter.

206

CINQUIÈME ÉMOTION DYNAMISANTE

La détermination fait toute la différence entre se sentir coincé et se sentir **électrisé par l'intensité d'un engagement!**

Il ne suffit pas simplement de « faire un effort ». Le secret est d'apprendre à vous mettre dans un état de détermination.

207

SIXIÈME ÉMOTION DYNAMISANTE

Adoptez une attitude souple. La souplesse ou la flexibilité, c'est-à-dire la faculté de changer votre approche, est l'émotion principale que vous devez cultiver pour réussir.

De fait, **tous les signaux d'action ne sont que des messages qui vous indiquent que vous devez vous montrer plus souple!** Vous affronterez souvent des situations sur lesquelles vous n'aurez aucune emprise.

Votre capacité de vous montrer flexible en ce qui a trait à vos règles, à la signification que vous attribuez aux événements et aux gestes que vous devez poser, détermineront votre réussite à long terme ou votre échec, sans parler de votre niveau de joie personnel.

208

SEPTIÈME ÉMOTION DYNAMISANTE

Ayez toujours confiance en vous.

Si vous avez réussi par le passé, vous pouvez réussir à nouveau.

En outre, grâce au pouvoir que donne la foi, vous pouvez avoir confiance en vous-même dans une atmosphère ou dans une situation qui sont tout à fait nouvelles pour vous.

Imaginez et cultivez la certitude que vous éprouverez les émotions que vous méritez au lieu d'attendre qu'elles se manifestent spontanément dans un avenir lointain.

209

HUITIÈME ÉMOTION DYNAMISANTE

La gaieté et la bonne humeur rehaussent l'estime de soi, rendent la vie plus agréable et votre entourage plus heureux.

La gaieté n'est pas synonyme d'un optimisme exagéré. Cela ne signifie pas non plus que vous voyiez la vie en rose ni que vous refusiez de relever les défis qui se présentent à vous.

Cela signifie **que vous êtes incroyablement intelligent parce que vous savez que si vous vivez dans un état de plaisir et d'anticipation positive, un état d'une telle intensité que vous communiquerez votre joie à votre entourage, vous aurez l'énergie et le dynamisme de relever n'importe quel défi.**

210

NEUVIÈME ÉMOTION DYNAMISANTE

Il est essentiel de nourrir votre vitalité. Si vous ne prenez pas soin de votre santé, il vous sera plus difficile de savourer vos émotions.

Contrairement à la croyance populaire, l'inaction ne permet pas de conserver l'énergie. Le système nerveux des êtres humains a besoin de mouvement pour fonctionner efficacement.

C'est le mouvement qui fait circuler l'oxygène dans votre système.

Un niveau de santé optimal se traduit par une vitalité affective qui vous permet de transformer les défis en occasions.

211

DIXIÈME ÉMOTION DYNAMISANTE

Le don de soi est l'émotion la plus sublime que je connaisse.

Le plus beau cadeau que la vie puisse nous faire est de nous donner le sentiment que, par notre façon d'être, par nos paroles et par nos actes, nous avons su enrichir la vie des autres.

Le secret de la vie est de savoir donner de sa personne.

212

Pendant les deux prochaines journées, chaque fois que vous éprouverez une émotion paralysante, n'oubliez pas d'écouter les messages que renferme ce signal d'action.

Utilisez les dix émotions dynamisantes comme antidotes, tout en appliquant la solution inhérente à chaque émotion « négative ».

Section 8

RELEVEZ LE DÉFI MENTAL DE DIX JOURS

LE DÉFI MENTAL ET LE SYSTÈME CENTRAL D'ÉVALUATION

•

« L'esprit de l'homme ayant connu
la clarté ne retombe jamais dans les ténèbres. »
OLIVER WENDELL HOLMES

213

La qualité principale d'un véritable champion est la constance. Après tout, quel intérêt y a-t-il à obtenir des résultats de temps en temps, à se sentir joyeux à l'occasion, ou à réussir des performances de haut niveau de façon sporadique ? Il est de loin préférable d'éprouver constamment toutes les émotions qui font que la vie vaut la peine d'être vécue.

Comment parvenir à cette constance ? Cela dépend entièrement de vos habitudes. **Il ne suffit pas de savoir quoi faire ; il est essentiel de passer à l'action.**

214

Si nous nous trouvons dans une impasse, il est essentiel de modifier notre ancien schème de pensée pour atteindre les nouveaux objectifs auxquels nous nous proposons d'accéder.

Le changement est notre allié le plus précieux.

Pourtant, nombreux sont ceux qui y opposent de la résistance – qu'il s'agisse de personnes, de sociétés ou de collectivités – et qui justifient leurs stratégies actuelles en soulignant que c'est en procédant ainsi qu'ils ont réussi jusqu'à présent.

Néanmoins, il est probablement nécessaire d'adopter une approche entièrement différente pour remporter des succès encore plus remarquables, tant sur les plans personnel que professionnel.

215

Si vous achetiez une nouvelle Ferrari, vous viendrait-il à l'esprit de la laisser garée devant la maison ? Achèteriez-vous un ordinateur des plus modernes pour le ranger dans un placard ?

Je suis sûr que votre réponse serait un « non ! » catégorique. En suivant le même raisonnement, à quoi vous sert-il de lire ce livre si vous n'employez pas les outils efficaces qui y sont présentés ? Je suis sûr que telle n'est pas votre intention. C'est pourquoi, au cours de cette section, je vous propose un plan simple pour mettre fin à vos anciennes structures affectives et comportementales, ainsi qu'à vos anciens schèmes de pensée.

Je vous indiquerai la façon de mettre en pratique certaines des nouvelles stratégies énergisantes que vous avez déjà acquises. **Je vous garantis que si vous suivez ce plan à la lettre, cela vous permettra d'ancrer profondément vos nouvelles structures affectives !**

216

Oui, c'est vrai : nous n'avons aucune emprise sur le vent ni sur la pluie ni sur les autres caprices du temps, mais nous pouvons virer de bord de façon à diriger notre navire dans la direction que nous souhaitons.

217

Toutes les personnes ayant brillamment réussi que je connais ont la faculté de maintenir leur équilibre mental, de garder les idées claires et de conserver leur capacité d'agir de façon dynamique au cours de « tempêtes » affectives. Comment s'y prennent-elles ?

J'ai découvert que la plupart de ces personnes suivent une règle fondamentale : **ne passez jamais plus de dix pour cent de votre temps à analyser un problème ; consacrez toujours au moins quatre-vingt-dix pour cent de votre temps à le résoudre.**

218

Comment pouvez-vous maîtriser immédiatement vos structures mentales et émotionnelles ? Vous êtes sur le point de découvrir l'une des stratégies les plus efficaces qui aient jamais été élaborées, une méthode où le réalisme s'allie à l'optimisme. Il y a de nombreuses années, la pensée positive ne faisait pas partie de mon éventail de solutions. Je croyais faire preuve d'intelligence en refusant de percevoir les choses sous un jour plus positif qu'elles ne l'étaient réellement.

En vérité, la vie est une question d'équilibre. Si nous refusons de voir les mauvaises herbes qui poussent dans notre jardin, nos illusions finiront par nous détruire. Par contre, il est tout aussi destructif de penser que le jardin est littéralement envahi de mauvaises herbes. Les stratégies que suivent les leaders sont soigneusement équilibrées.

1) **Voyez la situation telle qu'elle est** (ne la voyez pas sous un jour plus sombre qu'elle ne l'est).

2) **Voyez-la sous un jour meilleur qu'elle ne l'est.**

3) **Faites en sorte qu'elle corresponde à cette vision.**

219

Lorsque nous arrachons les mauvaises herbes du jardin de notre esprit, l'étape principale consiste à mettre fin à nos structures restrictives. La meilleure méthode pour ce faire est de relever le défi mental de dix jours, ce qui nous permettra de maîtriser consciemment nos pensées. **Ce processus représente une occasion magnifique d'éliminer des structures destructrices et négatives.**

Voici exactement en quoi consiste ce défi : *engagez-vous dès maintenant à maîtriser entièrement toutes vos facultés affectives et mentales au cours des dix prochains jours.* Décidez immédiatement que vous ne cultiverez aucune émotion ni aucune pensée négative pendant dix journées consécutives.

220

LE DÉFI MENTAL DE DIX JOURS

Je vous souhaite la bienvenue avant de vous lancer dans cette expérience passionnante de dix jours ! Voici les règles du jeu :

1) Au cours des dix prochaines journées consécutives, refusez de cultiver toute pensée ou émotion négative. Refusez de vous poser toute question qui mine votre énergie, vous sape le moral, et d'employer un vocabulaire ou des métaphores ayant des connotations négatives.

2) Si vous vous surprenez à vous concentrer sur des choses négatives, employez les techniques que vous avez apprises pour recanaliser immédiatement votre attention. Votre première stratégie consiste à vous poser la série de questions axées sur la résolution de problèmes.

3) Préparez-vous chaque matin à réussir au cours des dix prochaines journées en vous posant les questions énergisantes du matin.

221

LE DÉFI MENTAL DE DIX JOURS
(suite)

4) Au cours des dix prochaines journées consécutives, concentrez-vous entièrement sur les solutions et non pas sur les problèmes. Dès que vous percevez un problème, concentrez-vous immédiatement sur une solution possible.

5) Si vous vous surprenez à cultiver des pensées ou des sentiments négatifs, ne vous culpabilisez pas, du moment que vous changez immédiatement votre état d'esprit. Néanmoins, si vous continuez à entretenir des pensées ou des sentiments négatifs pendant une période de temps quantifiable, vous devrez attendre jusqu'au matin suivant et recommencer vos dix journées, quel que soit le nombre de jours qui se sont déjà écoulés.

222

Êtes-vous réellement prêt à aborder la vie sous un nouvel angle? Ne vous engagez pas à relever ce défi de dix jours à moins d'être certain de pouvoir respecter votre engagement pendant toute cette période de temps. **Ce n'est pas un défi pour les faibles.** Cela s'adresse uniquement à ceux qui sont sincèrement décidés à conditionner leur système nerveux et à adopter de nouvelles structures émotionnelles énergisantes qui leur permettront de gravir rapidement les échelons qui mènent à la réussite.

Cela s'adresse à ceux qui veulent mettre en pratique quotidiennement les concepts théoriques qu'ils ont acquis, c'est-à-dire le conditionnement par neuroassociations (CNA), l'art de poser les bonnes questions, le vocabulaire transformationnel, les métaphores, la maîtrise du centre d'attention et le pouvoir que confèrent les réactions physiologiques déclenchées sciemment.

223

Où pouvez-vous puiser d'autres ressources qui renforceront votre détermination de relever le défi mental de dix jours? **Annoncez votre décision à vos amis, à votre famille et à vos associés, et demandez-leur de vous soutenir et de vous aider à rester sur la bonne voie.**

Ou encore, trouvez un partenaire qui soit disposé à relever ce défi mental de dix jours avec vous.

C'est aussi une excellente idée de tenir un journal pendant ces dix jours. Le fait de mettre par écrit les techniques que vous avez employées pour surmonter des structures négatives vous permettra de créer une carte précieuse que vous pourrez consulter à l'avenir lorsque vous vous heurterez à certains obstacles.

224

Il y a de nombreuses années, j'ai adopté une habitude qui joue depuis un rôle essentiel dans ma vie: Tous les jours, je m'astreins à lire au moins pendant trente minutes. Jim Rohn, l'un de mes professeurs, m'a dit qu'il était plus important de lire quelque chose de profond, quelque chose d'important, quelque chose qui nourrisse l'esprit, quelque chose qui raffine le discernement que de manger. « Tu peux sauter un repas, m'a-t-il dit, mais ne saute pas ta lecture. »

Aussi, pendant que vous relevez le défi mental de dix jours et que vous purifiez votre système, nourrissez votre esprit de lectures qui élargiront votre horizon et vous permettront de découvrir des stratégies qui vous seront utiles dans la nouvelle vie que vous êtes en train de bâtir. N'oubliez pas que **les leaders sont des lecteurs.**

225

Qu'est-ce que le défi mental de dix jours vous permettra d'accomplir?

1) Cela vous permettra de prendre conscience de toutes les structures mentales habituelles qui freinent votre évolution.

2) Cela vous forcera à chercher des solutions de rechange plus positives.

3) Chaque fois que vous réussirez à maîtriser vos pensées et à renverser la situation, cela renforcera votre confiance en vous.

4) Et surtout, cela vous aidera à créer de nouvelles habitudes, de nouveaux critères et de nouvelles attentes qui vous permettront d'enrichir considérablement votre vie.

Le succès est un processus; c'est le produit d'un mode de vie discipliné. Tout comme un train de marchandises qui prend de la vitesse, cet exercice qui consiste à vous défaire de vos anciennes habitudes et à en acquérir de nouvelles vous donnera un élan sans pareil.

226

Cet exercice prend-il fin au bout de dix jours? Pas vraiment. **Si tel est votre désir, vous pouvez renoncer pour toujours à vos anciennes structures négatives.** Cela vous donne la possibilité d'acquérir une attitude mentale positive pendant le reste de votre vie.

Si, après avoir éliminé vos structures mentales toxiques pendant dix jours, vous désirez y retourner, personne ne peut vous en empêcher. Mais je suis prêt à parier qu'une fois que vous aurez pris conscience des nouvelles possibilités qui s'offrent à vous, l'idée de reprendre vos anciennes habitudes vous déplaira grandement.

N'oubliez pas que si jamais vous vous écartez de la bonne voie, vous avez à votre disposition un vaste éventail de stratégies qui vous permettront de vous ressaisir immédiatement et de reprendre la nouvelle ligne de conduite que vous avez tracée à votre intention.

227

L'une des choses que je préfère, c'est d'avoir l'occasion de déchiffrer le mystère du comportement humain et de trouver des solutions qui rehaussent considérablement la qualité de vie des autres. En fouillant sous la surface, je trouve des éléments clés (croyances globales, métaphores, etc.) qui facilitent le changement. Chaque jour, je joue le rôle de Sherlock Holmes et j'assemble les morceaux du puzzle que représente l'histoire personnelle de chacun.

Certains indices du comportement humain sont flagrants, tandis que d'autres sont plus subtils et exigent un travail de détective plus minutieux. Mon étude du comportement humain se résume en une synthèse composée d'éléments clés précis. Ce qui différencie les gens les uns des autres, c'est leur capacité de raisonnement. *J'ai baptisé* « système central d'évaluation » **leur façon de décider de la signification des choses et des gestes qu'ils doivent poser.**

228

L'importance de comprendre le comportement humain est fort bien démontrée par la métaphore suivante.

Imaginez quelqu'un debout sur la berge d'une rivière. Soudain, il entend un appel à l'aide et voit un homme en train de se noyer. Il saute dans l'eau et lui porte secours. Juste au moment où il reprend son souffle, il entend d'autres cris et saute à nouveau dans la rivière où il porte assistance cette fois-ci à deux personnes. Avant même d'avoir la chance de retrouver ses forces, il entend quatre autres personnes en état de détresse appelant au secours.

Il passe le reste de la journée à sortir une personne après l'autre des eaux déchaînées. S'il avait pris la peine de parcourir une courte distance en amont de la rivière, il aurait pu découvrir la personne qui lançait tous ces gens à l'eau !

Quels efforts pourriez-vous vous épargner en analysant les problèmes en fonction de leur cause plutôt que de leurs effets ?

229

Une fois que vous aurez compris le « système central d'évaluation », vous serez mieux équipé pour maîtriser votre propre comportement et influer sur celui des autres. Il y a une façon scientifique d'évaluer les problèmes et les perspectives (occasions) de la vie. **Le fait de comprendre les composantes de votre système de prise de décisions peut vous aider non seulement à connaître votre propre comportement, mais à prévoir ce qui vous déplaira et ce qui vous attirera.** Comme vous le verrez au cours des pages suivantes, il y a cinq composantes qui déterminent notre façon de tout évaluer – incluant des décisions banales, telles que le menu du dîner, et des décisions majeures, telles que : « Devrais-je me marier ou non ? »

La « formule chimique » de ces composantes diffère d'une personne à l'autre, et c'est pourquoi chaque vie est marquée d'un sceau original.

230

Lorsque des conflits surgissent dans une relation, ne serait-il pas merveilleux de pouvoir comprendre le comportement humain afin de résoudre immédiatement le problème ? Dans un mariage, il est particulièrement important de surmonter le stress quotidien pour pouvoir entretenir la relation et renforcer le lien qui unit les deux conjoints.

Si votre conjoint se sent stressé par son travail et exprime sa frustration, cela ne signifie pas que votre mariage est brisé. Cela indique cependant que vous devez vous montrer plus attentionné et soutenir davantage cette personne que vous aimez.

De même que l'on ne peut juger le marché boursier en se basant uniquement sur le jour où l'indice Dow Jones des valeurs industrielles accuse une baisse de trente points, on ne peut juger du caractère de quelqu'un en fonction d'un seul incident. **On ne peut pas réduire les êtres humains à leurs comportements.** C'est en comprenant ce qui les motive que vous les connaîtrez réellement.

231

La chose principale que j'ai apprise en analysant les croyances essentielles et les stratégies des leaders actuels, c'est que la qualité supérieure de leur évaluation se traduit par une vie de qualité supérieure. Par exemple, ceux qui réussissent sur le plan financier ont une meilleure méthode pour évaluer les risques et les possibilités de rendement de leurs investissements.

Même si, dans l'ensemble, nous avons tous accès aux mêmes informations, ce qui donne un avantage aux génies de la finance, c'est la méthode qu'ils emploient pour décider de la signification des événements et des gestes qu'ils doivent poser. Ceux qui réussissent à maintenir des relations durables savent mieux que les autres comment réagir lorsque leur conjoint se trouve dans une situation stressante.

Ceux qui ont trouvé le bonheur ont une méthode plus efficace pour évaluer les « problèmes » de la vie. Ce qu'il y a de positif dans tout cela, c'est que vous pouvez vous épargner des années de souffrance en adoptant les mêmes stratégies que ceux qui ont déjà réussi.

232

Si nous n'apprenons pas à maîtriser nos processus d'évaluation, les résultats que nous obtiendrons nous forceront à remettre en question nos capacités. Imaginez-vous en train de jouer une partie de tennis et de faire un mauvais service. Dans la plupart des cas, les gens commencent à généraliser en s'exprimant d'une façon qui mine leur confiance en eux: « Ce service était nul ! » devient rapidement: « Je n'apprendrai jamais au grand jamais à jouer à ce jeu. » Ne vous laissez pas piéger dans ce cycle autodestructeur !

Dès maintenant, pensez au moins à un incident dont vous avez exagéré les aspects négatifs. S'agissait-il de vos relations ? de vos résultats au travail ? de vos habiletés physiques ? Décidez immédiatement de mettre fin à cette structure. La prochaine fois que vous vous surprendrez à vous laisser aller à ce genre de comportement, criez: « Efface ! » Éloignez-vous immédiatement de cette pensée négative et concentrez-vous sur le but que vous voulez atteindre. Prenez conscience du changement immédiat que cela provoque en vous.

233

Le dénominateur commun chez les gens ayant brillamment réussi est leur capacité de faire constamment des évaluations de qualité supérieure. Le célèbre joueur de hockey, Wayne Gretzky, ne faisait pas exception à cette règle. Étai-il le joueur le plus robuste, le plus grand ou le plus rapide de la ligue ? Il admet lui-même que ce n'était pas le cas.

Lorsque je lui ai demandé quelles stratégies il employait pour jouer aussi admirablement, il m'a dit **que la plupart des joueurs patinent en direction du disque ou du palet, tandis que lui patinait vers l'endroit où le disque se dirige.** Sa faculté de prévoir, d'évaluer la vitesse et la direction du palet, ainsi que les stratégies et l'élan des autres joueurs, lui permettaient de se placer de façon optimale pour marquer des buts.

Si vous faisiez preuve d'un peu de clairvoyance pour vous sortir d'une mauvaise situation, ne croyez-vous pas que cela changerait énormément les choses ?

234

Vous souvenez-vous d'un incident où quelqu'un vous a dit quelque chose qui vous a fait pleurer, alors que les mêmes commentaires vous auraient peut-être fait rire à un autre moment ? Il est très probable que cette divergence est attribuable à l'état dans lequel vous vous trouviez. Votre état affectif et mental est l'élément principal de votre « système central d'évaluation ».

Si vous êtes dans un état d'esprit où vous avez confiance en vous et où vos attentes sont positives, les décisions que vous prendrez seront tout à fait différentes de celles que vous prendriez si vous vous sentiez vulnérable et craintif. Bien que la prudence s'impose dans certaines situations, cela peut vous freiner dans d'autres circonstances. Quand vous décidez de la signification des événements et des gestes que vous devez poser, assurez-vous de vous trouver dans un état d'esprit très positif qui vous permette de faire appel à vos ressources plutôt que dans un mode réactif, axé simplement sur la survie.

235

Les questions sont les composantes de base de votre « système central ». Avant d'entreprendre quoi que ce soit, vous devez évaluer la situation en ces termes : *« Que signifie cet événement et que dois-je faire pour éviter la souffrance ou pour trouver le plaisir ? »*

Votre décision de passer à l'action ou non est fortement influencée par les questions que vous vous posez. Si vous avez l'intention de demander un rendez-vous galant à quelqu'un, vous tourmentez-vous pendant des heures : *« Et que se passera-t-il si cette personne me rejette ou si elle est offensée par mon invitation ? »* Si c'est ainsi que vous procédez, il est fort probable que vous ferez une série d'évaluations qui vous mènera à laisser passer cette occasion. Par contre, si vous vous posez des questions telles que : *« Ne serait-ce pas merveilleux de connaître cette personne ? En quoi ma vie sera-t-elle plus agréable si j'établis une relation avec cette personne ? »* Il est certain que ces questions vous mèneront à saisir l'occasion !

236

Nous voulons tous éprouver davantage de plaisir et moins de souffrance, mais chacun d'entre nous a appris une leçon différente quant à la façon de procéder. **Par conséquent, chacun d'entre nous a appris à accorder plus d'importance à certaines émotions qu'à**

d'autres. Par exemple, la sécurité est synonyme de plaisir ultime aux yeux de certains, alors que pour d'autres, c'est l'aventure.

Votre échelle de valeurs, c'est-à-dire le troisième élément du « système central », est tout simplement une liste des états que vous considérez désirables (ceux qui vous procurent du plaisir), et de ceux que vous trouvez indésirables (ceux qui vous causent de la souffrance).

Toutes vos décisions sont motivées par votre désir inconscient d'obtenir ce à quoi vous associez le plaisir et d'éviter ce à quoi vous associez de la souffrance. Par exemple, si vous considérez que l'amour est essentiel et si vous désirez éviter les conflits à tout prix, il est possible que votre échelle de valeurs affecte votre honnêteté dans une relation personnelle.

237

Vos croyances constituent le quatrième élément de votre « système central ». Les croyances globales déterminent vos attentes vis-à-vis des autres, de la vie en général et de vous-même. Elles régissent souvent ce que vous êtes prêt à évaluer. Les règles représentent une catégorie particulière de croyances ; elles vous dictent la façon dont les choses doivent se dérouler pour correspondre à vos valeurs.

Par exemple, certaines personnes sont convaincues que : « Si tu m'aimes, tu n'élèveras jamais la voix. » C'est en raison de cette règle que la personne en question conclura que si son conjoint élève la voix, c'est la preuve qu'il n'y a plus d'amour dans la relation, même si cela ne correspond nullement à la réalité.

Pensez aux règles ou aux croyances qui régissent vos relations. Ces règles et croyances vous ont-elles aidé ou vous ont-elles, au contraire, freiné ?

238

Comment bâtissons-nous nos croyances? Vos références constituent le cinquième élément de votre « système central », c'est l'ensemble complexe des expériences et des informations emmagasinées dans le classeur géant qui s'appelle le cerveau. C'est la matière première dont vous vous servez pour construire les croyances qui régissent vos décisions. **Vous pouvez faire appel à un nombre pratiquement illimité d'expériences (de références) ;** la signification que vous attribuez aux événements, les sentiments que vous éprouvez et les gestes que vous posez reposent sur les expériences qui ont façonné votre cadre de référence.

Voici un exemple de l'importance des références : imaginez que vous ayez grandi en ayant constamment le sentiment que l'on profite de vous ; imaginez maintenant que vous ayez grandi en vous sentant aimé de façon inconditionnelle, et discipliné plutôt que trop gâté. Ces deux scénarios auraient-ils influé différemment sur votre façon d'apprendre à évaluer la vie, les gens ou les occasions ?

239

Pour stimuler votre réflexion à propos du fonctionnement du « système central », permettez-moi de vous poser une question : *« Quel est le souvenir qui vous est le plus cher ? »*

Quel processus avez-vous suivi pour répondre à cette question ? Il est probable que vous avez tout d'abord répété la question. Vous avez ensuite cherché parmi vos références et passé en revue les multiples expériences que vous avez vécues avant de fixer votre choix sur l'une d'entre elles.

Vous avez peut-être refusé d'en choisir une parce que vous croyez qu'il est important de chérir toutes les expériences de la vie ou parce que vous pensez que le fait d'en choisir une enlèverait de la valeur aux autres. Vous avez même peut-être éprouvé des difficultés à vous remémorer certains événements, qu'ils vous soient chers ou non, parce que les sentiments que vous associez au fait de « ressasser le passé » sont des valeurs que vous évitez.

Comprenez-vous à présent comment votre « système central » détermine non seulement ce que vous évaluez et comment vous l'évaluez, mais également ce que vous êtes disposé à évaluer ?

240

Comment acquiert-on la maîtrise de soi et des événements ?

Les grands maîtres sont toujours ceux qui ont un cadre de référence beaucoup plus vaste que les autres à propos de ce qui mène à la réussite ou de ce qui cause des frustrations dans un domaine particulier.

Nous avons tous les jours l'occasion d'acquérir de nouvelles références qui peuvent nous aider à renforcer nos croyances, à raffiner nos valeurs, à nous poser de nouvelles questions et à atteindre un état optimal sur le plan mental et affectif; ce qui nous propulsera dans la direction souhaitée.

241

Vous pouvez immédiatement effectuer des changements globaux qui transformeront simultanément votre façon de penser, vos sentiments et votre façon d'agir dans divers domaines. Comment ? Tout simplement en modifiant l'un des cinq éléments de votre « système central ».

Par exemple, au lieu de vous contenter de vous conditionner à réagir différemment par rapport au rejet, vous pourriez adopter une nouvelle croyance globale, telle que: « Je suis la source de toutes mes émotions. Rien ni personne ne peut changer les sentiments que j'éprouve, sauf moi. »

Si je réagis à une situation quelconque, je peux instantanément modifier mes sentiments. » Si vous adoptiez fermement cette croyance, cela éliminerait non seulement votre crainte du rejet, mais aussi vos sentiments de colère, de frustration ou d'insuffisance. En êtes-vous conscient ? Vous deviendriez soudainement le maître de votre destin.

242

Une autre méthode pour surmonter instantanément des sentiments de rejet ou d'insuffisance, c'est de changer votre échelle de valeurs en accordant la priorité au don de soi ou à la gratitude, par exemple. Ainsi, si l'on vous rejetait, cela n'aurait plus d'importance: au lieu de vous concentrer sur ce que vous percevez comme des points faibles, vous vous concentreriez plutôt sur la façon de vous montrer généreux et d'aider cette personne ou d'améliorer la situation.

Ou encore, vous éprouveriez une telle gratitude d'avoir reçu le don précieux de la vie, qu'aucun rejet ne pourrait vous affecter. En fait, vous ne percevriez même plus cela comme un rejet. Ces émotions se traduiraient par un sentiment sublime de joie et d'universalité.

Il suffit tout simplement de modifier l'un des cinq éléments de votre « système central d'évaluation » pour transformer instantanément tous les aspects de votre vie.

243

Avez-vous déjà éprouvé des difficultés à respecter un engagement aussi simple que d'aller au gymnase? Il est fort probable que vous avez rendu cette tâche trop complexe en vous concentrant sur les dizaines d'étapes à franchir. Vous avez peut-être pensé: *« C'est vraiment trop compliqué, ça ne vaut pas la peine que j'aille m'entraîner.* » Il faut conduire jusqu'au gymnase, garer la voiture, s'inscrire à la réception, trouver un casier dans le vestiaire, changer de vêtements, s'entraîner, prendre une douche, etc.

Pourtant, lorsque vous pensez à des choses agréables, vous les « voyez d'un autre œil ». Vous avez faim ? Et comment ! Vous avez envie d'aller à la plage ? En un clin d'œil ! Que faut-il faire ? Il suffit de sauter dans la voiture et de passer à l'action ! Ce ne sont pas les tâches qui sont la source de ce comportement différent, mais plutôt votre façon de les évaluer. En changeant votre méthode d'évaluation, vous changerez immédiatement votre vie.

Section 9

VOTRE BOUSSOLE PERSONNELLE

LES VALEURS ET LES RÈGLES

« Seuls ceux qui ont osé croire qu'ils possédaient une force qui leur permettait de s'élever au-dessus des circonstances, ont su réaliser une œuvre grandiose. »

BRUCE BARTON

244

Si nous voulons nous réaliser pleinement et éprouver un sentiment de plénitude, il n'y a qu'une façon de procéder.

Il s'agit de décider ce que nous désirons le plus dans la vie, quelles sont nos valeurs suprêmes, et de prendre l'engagement de respecter cette décision chaque jour.

245

Qui sont les personnes que tout le monde admire sans réserve dans notre culture? Ce sont celles qui sont pleinement conscientes de leurs propres valeurs, qui expriment clairement leurs critères, et qui y adhèrent chaque jour de leur vie. **Nous éprouvons tous du respect vis-à-vis des hommes et des femmes qui prennent position et poursuivent un idéal, même si nous ne sommes pas toujours d'accord avec leurs idées.** Il émane incontestablement une grande force des personnes qui vivent leur vie en vertu de la philosophie qu'elles professent.

Décidez de vivre conformément à vos valeurs. Faites-vous actuellement certaines choses qui ne cadrent pas avec vos croyances? Passez immédiatement à l'action pour rectifier cette situation. Accordez-vous ensuite un moment de réflexion: quelle est la valeur ou le principe que vous avez observé sans faillir et en quoi cela a-t-il rehaussé votre qualité de vie?

246

Dans le film *Stand and Deliver*, le professeur Jaime Escalante a démontré sans équivoque **le pouvoir qu'exercent ceux qui expriment clairement leurs valeurs et leurs idéaux.** Il a su transmettre sa passion de l'enseignement à ses élèves, non pas en employant des méthodes pédagogiques, mais en donnant lui-même l'exemple de ce qu'il est possible d'accomplir.

Il a su enseigner à une génération d'élèves que l'on considérait « perdus » à réussir un examen de calcul différentiel et intégral (qu'ils étaient certains d'échouer), à s'apprécier les uns des autres, à prendre conscience de l'importance de leurs racines latino-américaines et à acquérir un pouvoir personnel qui leur a permis de rehausser chaque jour leur qualité de vie.

Grâce à son engagement absolu de respecter des critères supérieurs, il a réussi à transformer la vie de ces jeunes gens.

Que pourriez-vous accomplir si vous étiez entièrement concentré sur les choses auxquelles vous accordez le plus de valeur dans la vie ?

247

S*i l'amour, la réussite, ou l'intégrité sont importants à vos yeux,* ils font donc partie de votre système de valeurs. **Une valeur est un état affectif** que vous désirez (en raison du plaisir que vous croyez que cela vous procurera) ou que vous évitez (en raison de la souffrance que vous y associez).

Tout notre processus de prise de décisions repose sur ces croyances : comment est-ce que tel ou tel acte nous aidera à nous rapprocher d'une valeur associée au plaisir ? Cela nous aidera-t-il à éviter ou du moins à nous éloigner d'une valeur associée à la souffrance ?

Quelle est, selon vous, l'une des émotions les plus désirables et quelle est l'une des émotions pénibles que vous feriez presque n'importe quoi pour éviter ?

248

Les valeurs associées au plaisir sont des valeurs recherchées. Elles incluent des émotions telles que l'amour, la joie, la liberté, la sécurité, la passion et la paix intérieure.

Les valeurs associées à la souffrance (par exemple, le rejet, la dépression, la solitude) sont connues sous le nom de valeurs à éviter. **Au fur et à mesure que nous prenons des décisions, nous analysons si nos actes se traduiront par un état agréable ou pénible.**

Au cours des jours à venir, vous commencerez à comprendre les états affectifs qui sous-tendent toutes vos décisions, ainsi que leur importance relative. Par exemple, il est possible que vous accordiez de la valeur aussi bien à la sécurité qu'à l'aventure. En déterminant laquelle de ces deux valeurs est plus importante à vos yeux, vous pourrez prendre des décisions beaucoup plus efficaces qui se traduiront par un bonheur durable.

249

Outre les valeurs « recherchées » et « à éviter », il existe deux autres catégories de valeurs : *les valeurs axées sur le but ultime et les valeurs axées sur les moyens.*

Par exemple, il est possible que vous accordiez de la valeur à votre voiture, mais ce n'est qu'un moyen pour parvenir à une fin. Au fond, la valeur axée sur le but ultime que vous recherchez est un état affectif, tel que la sensation de griserie que procure la vitesse (Mustang), le prestige (Mercedes), ou la sécurité (Volvo).

N'oubliez pas que toutes les décisions que nous prenons sont dictées par le désir de réaliser nos valeurs axées sur le but ultime. Malheureusement, les gens prennent souvent des décisions basées sur le désir de réaliser des valeurs axées sur les moyens. L'essentiel leur échappe: les valeurs axées sur leur but ultime, c'est-à-dire celles qui peuvent combler les besoins affectifs qui régissent leur vie.

250

Vous êtes-vous déjà dit: *« Je désire profondément avoir une relation intime »?* Mais peu après en avoir finalement trouvé une, vous vous êtes dit: *« Je ne veux plus de cette relation ! »* La raison, c'est que la relation n'était qu'un moyen d'arriver à une fin. En fait, vous désiriez ce que vous pensiez qu'une relation vous apporterait. Les valeurs axées sur le but ultime de l'amour, de la camaraderie ou de l'intimité. Les relations ne mènent pas automatiquement à ces valeurs plus importantes. Vous devez découvrir vos buts réels et toujours les garder à l'esprit dans vos relations interpersonnelles.

N'oubliez pas que vous pouvez réaliser vos valeurs axées sur les moyens (l'argent, le statut social, les diplômes, les enfants, les relations), sans pour cela trouver le bonheur. **À moins de vivre en harmonie avec vos valeurs profondes (c'est-à-dire les valeurs axées sur le but ultime), vous accomplirez de nombreuses choses sans pour cela vous épanouir pleinement comme vous le méritez.**

251

De nombreux états affectifs représentent des valeurs personnelles, mais certaines nous tiennent plus à cœur que d'autres. Il convient de souligner que les valeurs que nous nous efforçons réellement de réaliser sont nos valeurs recherchées, telles que l'amour, la réussite, la liberté, l'intimité, la sécurité, l'aventure, le pouvoir, la passion, le confort et la santé.

Une fois vos valeurs établies, vous pourrez vous livrer à une analyse plus approfondie pour déterminer dans quel ordre hiérarchique elles se placent. Parmi les exemples que je viens d'énumérer, quelles sont les valeurs que vous considérez plus importantes que les autres ?

Accordez-vous un moment de réflexion pour classer les valeurs suivantes de un à dix sur une feuille de papier, un étant l'état affectif qui vous semble le plus désirable.

VALEURS RECHERCHÉES

Amour, aventure
Réussite, pouvoir
Liberté, passion
Intimité, confort
Sécurité, santé

252

À l'instar des valeurs recherchées, **nous avons tous une hiérarchie d'états affectifs que nous tenons à éviter à tout prix.** Certaines des valeurs à éviter les plus courantes sont le rejet, la colère, la frustration, la solitude, la dépression, l'échec, l'humiliation et la culpabilité.

Classez sur la même feuille de papier ces exemples de un à huit, un étant l'état affectif que vous tenez à éviter.

VALEUR À ÉVITER

Rejet, dépression
Colère, échec
Frustration, humiliation
Solitude, culpabilité

253

Si je vous demandais de faire du parachutisme, accepteriez-vous mon offre ? Cela dépendrait, entre autres, des forces dynamiques qui sous-tendent votre hiérarchie de valeurs. Par exemple, si votre principale valeur recherchée est la sécurité et si votre principale valeur à éviter est la crainte (ce qui signifie que vous seriez prêt à faire n'importe quoi pour l'éviter), il est fort probable que vous ne vous lanceriez pas dans cette aventure !

Mais si votre principale valeur à éviter était le rejet et si vous pensiez que vos amis vous en voudraient de refuser de faire du parachutisme, que décideriez-vous ? Étant donné que les gens s'efforcent davantage d'éviter la souffrance que de rechercher le plaisir, votre besoin d'éviter le rejet pourrait surpasser en intensité votre besoin de vous sentir en sécurité.

Vous êtes-vous déjà senti déchiré entre deux valeurs ? **La prise de décisions consiste à mettre en lumière notre échelle de valeurs.**

254

L'une des raisons principales pour lesquelles vous devez analyser clairement votre échelle de valeurs est qu'il est important de découvrir s'il existe des conflits entre vos valeurs qui vous freinent. Par exemple, si la réussite est votre principale valeur recherchée et si le rejet est votre principale valeur à éviter, il est clair que ces deux pulsions contraires causent un conflit intérieur.

Vos efforts pour tenter de ressentir le plaisir que procure la réussite sans risquer d'éprouver la souffrance que provoque le rejet seraient voués à l'échec. En fait, il est fort probable que vous ruineriez rapidement vos chances de réussir, car la crainte du rejet vous empêcherait de prendre les risques que comporte toute réussite.

Au cours des prochaines pages de ce livre, je décris une solution qui consiste en un processus divisé en deux étapes: la prise de conscience et la prise de décisions consciente.

255

PREMIÈRE ÉTAPE (A): LA PRISE DE CONSCIENCE DES VALEURS

La façon la plus simple de découvrir vos valeurs recherchées, c'est de vous poser une question: « Quelle est la chose la plus importante à mes yeux ? » Accordez-vous une période de réflexion afin de découvrir vos valeurs axées sur le but ultime, c'est-à-dire les états affectifs qui vous semblent les plus désirables.

Après avoir dressé votre liste, classez-les selon leur importance; par exemple, le numéro un correspond à l'état que vous recherchez le plus, le numéro deux est celui auquel vous accordez la seconde place dans votre cœur, etc.

256

PREMIÈRE ÉTAPE (B) : LA PRISE DE CONSCIENCE DES VALEURS

Si vous voulez découvrir vos valeurs à éviter, posez-vous les questions suivantes : « Quelles sont les émotions que je voudrais absolument éviter de ressentir ? *Quels sont les sentiments que je suis prêt à tout faire pour éviter ?* » Accordez-vous une longue période de réflexion avant d'en arriver à une réponse.

Après avoir dressé votre liste, classez-les selon leur importance ; par exemple, numéro un est l'état que vous seriez prêt à tout faire pour éviter (car il a le potentiel de provoquer la plus grande souffrance), le numéro deux est l'état affectif que vous cherchez également à éviter, mais avec un peu moins d'intensité que le premier, etc.

257

DEUXIÈME ÉTAPE : LA PRISE DE DÉCISIONS CONSCIENTE

En déterminant exactement vos valeurs actuelles, vous avez découvert les priorités que vous avez été conditionné à adopter et le système axé sur la recherche du plaisir et l'élimination de la souffrance qui motive votre comportement. **Mais si vous voulez maîtriser votre destinée, en repartant à la case départ s'il le faut, vous devez prendre de nouvelles décisions dès aujourd'hui.**

Posez-vous ces questions-ci :

1) *« Quelles valeurs dois-je adopter pour façonner mon destin, pour réaliser pleinement mon potentiel, et pour maîtriser ma destinée dans la mesure du possible ? »*

2) *« Quelles autres valeurs dois-je ajouter à ma liste de priorités ? »*

258

Qu'avez-vous réussi à accomplir en créant une nouvelle liste de valeurs? Ne s'agit-il là que d'un amas de mots jetés sur le papier? La réponse est oui si vous ne vous conditionnez pas à vous en servir comme boussole dans votre nouvelle vie. Par contre, si vous décidez de le faire, **vos valeurs vous aideront à voguer sur des mers tranquilles et à émerger triomphant de terribles tempêtes: elles vous permettront de guider votre embarcation sur la voie que vous vous êtes tracée pour accomplir votre destin.**

Dressez une liste de vos valeurs sur une feuille de papier que vous pourrez voir à tout moment, au cours de la journée. Donnez-en une copie à vos amis, car cela vous incitera à rester sur la bonne voie. Visualisez, pensez et ressentez les bienfaits que vous éprouverez en mettant ces valeurs en pratique jusqu'à ce que votre désir ardent de récolter ces récompenses affectives vous conditionne, de telle sorte que ces valeurs feront partie intégrante de votre vie quotidienne.

259

Quels événements doivent se produire pour que vous vous sentiez bien? Faut-il que quelqu'un vous prenne dans ses bras, que l'on vous fasse l'amour, que l'on vous dise à quel point on vous respecte? que vous gagniez un million de dollars? que vous soyez un excellent joueur de golf? que votre patron reconnaisse vos mérites? que vous conduisiez une voiture prestigieuse? que vous alliez à des soirées mondaines? Que vous parveniez à l'extase spirituelle? ou vous suffit-il simplement d'admirer la beauté d'un coucher de soleil?

Le fait est que vous pouvez vous sentir bien sans qu'il ne se passe quoi que ce soit d'extraordinaire. Vous pouvez vous sentir bien dans votre peau *dès maintenant* si vous le décidez ! Après tout, quand tous ces événements extraordinaires se seront produits, qui vous donnera un sentiment de bien-être ? C'est vous.

Alors, pourquoi attendre ? La seule chose qui vous arrête c'est votre règle (une croyance) que toutes ces choses doivent se produire avant que vous ne vous sentiez bien dans votre peau. Débarrassez-vous de ces règles arbitraires et savourez dès maintenant la joie de vivre que vous méritez.

260

Puisque vous vous fixez des règles de bonheur, adoptez donc celles-ci : « **Je peux me sentir bien sans qu'il ne se passe quoi que soit ! Je me sens bien parce que je suis en vie ! La vie est un merveilleux cadeau dont je me réjouis chaque instant !** » Abraham Lincoln a dit un jour : « La plupart des gens sont aussi heureux qu'ils décident de l'être. » L'histoire de sa vie et celle d'autres personnes qui ont surmonté des tragédies, nous rappellent que nous sommes maîtres de notre destin.

Adoptez cette règle et décidez de vous fixer des critères plus élevés en ce qui concerne le seul être humain sur lequel vous puissiez exercer un contrôle absolu : vous-même. Cela veut dire que vous vous engagez à être intelligent, souple, et assez créatif pour trouver constamment une façon de percevoir la vie qui vous permette d'évoluer et d'élargir vos horizons.

261

Comment savoir si notre façon de vivre concorde avec nos valeurs ? Cela dépend entièrement de nos règles, c'est-à-dire des croyances que nous cultivons à propos des événements qui doivent se produire pour que nous nous sentions heureux, en bonne santé ou triomphants.

C'est comme si nous avions un système judiciaire miniature dans le cerveau. **Nos règles personnelles sont le juge et le jury suprêmes** et déterminent si les gestes que nous posons répondent aux critères que nous nous sommes fixés pour réaliser nos valeurs.

Ces règles dictent si notre état d'esprit est positif ou négatif dans une situation donnée et si nous éprouvons de la souffrance ou du plaisir.

262

Lorsque nous éprouvons constamment de la souffrance, il est essentiel de répondre à la question suivante : « Cette souffrance est-elle le produit de ma situation ou des règles que je me suis fixées à propos des sentiments que je dois éprouver ? Est-ce que le sentiment de tristesse que j'éprouve contribue à améliorer la situation ? Quelle est la règle (croyance) que je suis en train de suivre pour me sentir affligé par cette situation ? »

Il est essentiel d'analyser nos règles pour nous assurer qu'elles sont logiques et qu'elles conviennent à la situation. Les règles que se fixent certaines personnes pour être bien dans leur peau sont que leurs enfants doivent être les premiers de classe, qu'eux-mêmes doivent être les meilleurs vendeurs de leur division, être très minces et se sentir calmes et non stressés en toute occasion ! D'après vous, quelles sont les probabilités qu'une personne qui s'est fixé ce genre de règles se sente bien dans sa peau ?

Analysez vos règles. Assurez-vous qu'elles jouent en votre faveur !

263

Il est stupéfiant de voir combien de gens ont créé à leur intention un nombre apparemment infini de façons d'être mal dans leur peau (règles associées à la souffrance) et fort peu de façons d'être bien dans leur peau (règles associées au plaisir).

Décidez immédiatement d'adopter une bonne règle qui vous permettra de vous sentir aimé plus souvent. Au lieu que votre règle associée à l'amour soit: « Je ne me sentirai aimé que lorsqu'on me dira constamment qu'on m'aime…, qu'on m'achètera des cadeaux coûteux…, qu'on m'emmènera visiter des pays exotiques…, qu'on me touchera constamment…, et que mon conjoint sera disposé à faire des choses qu'il déteste simplement pour me rendre heureux » (ce qui diminuerait considérablement vos chances de vous sentir aimé), vous pourriez simplifier vos règles de cette façon: « Je me sens aimé chaque fois que j'ai des pensées d'amour ou que j'exprime mon amour ou ma cordialité envers quiconque. »

264

Les règles qui régissent votre vie aujourd'hui conviennent-elles encore à la personne que vous êtes devenue? **Vous accrochez-vous à des règles qui vous ont servi par le passé, mais qui vous causent du tort à présent?** Par exemple, il est possible qu'à un moment donné vous ayez considéré qu'il était très important d'être un dur et de ne jamais montrer vos émotions. Néanmoins, même si cette règle vous a peut-être aidé dans la cour de récréation de l'école, elle n'est probablement pas très utile pour bâtir une relation personnelle durable.

De même, si vous êtes avocat, prenez garde de ne pas transposer la métaphore de votre profession à la maison, en plus des règles qui en font partie. Sans quoi, vous soumettrez chaque soir votre conjoint à un contre-interrogatoire.

Quelles sont les règles de votre passé dont vous pourriez vous défaire à présent?

265

Comment savoir si vous avez réussi? Deux hommes ayant chacun des règles différentes concernant le succès ont participé à l'un de mes colloques. L'un d'entre eux était un cadre qui occupait un poste très important et qui avait toutes les raisons du monde de se sentir parfaitement heureux: un mariage réussi, cinq beaux enfants, un salaire fabuleux et un corps d'athlète, sculpté par sa pratique de la course à pied. Et pourtant, il sentait qu'il avait échoué. Pourquoi? Parce qu'il avait des règles très peu réalistes.

Par ailleurs, un autre homme qui ne jouissait d'aucun des «avantages» de ce cadre, sentait qu'il avait parfaitement réussi. Lorsque je lui ai demandé quels événements devaient se produire pour qu'il sente qu'il avait réussi, il me répondit: «La seule chose dont j'ai besoin, c'est de me réveiller le matin, de regarder vers le sol et de voir que je suis encore en vie, car **chaque journée que je passe sur terre est une journée magnifique!**»

D'après vous, lequel de ces deux hommes a véritablement réussi?

266

Il est indéniable que nous devons nous servir du pouvoir inhérent des objectifs et de l'attrait qu'exerce un avenir fascinant pour nous motiver à aller de l'avant.

Mais nous devons tout d'abord nous assurer que nos règles sont telles qu'elles nous permettent d'être heureux chaque fois que nous le désirons.

Quels événements doivent se produire pour que vous vous sentiez heureux ou pour que vous considériez que vous avez réussi ? Pour que vous vous sentiez en sécurité et aimé ?

267

Comment savez-vous si une règle vous entrave dans la réalisation de vos objectifs et s'il faut la changer ? Votre règle vous nuit si :

1) **Il est impossible de la suivre** (si vos critères sont tellement complexes, nombreux, ou rigides que vous n'êtes jamais gagnant dans ce jeu qu'on appelle la vie).

2) **S'il faut que des événements tout à fait imprévisibles se produisent pour que vous sentiez qu'on respecte votre règle** (par exemple, s'il faut que les autres réagissent d'une certaine manière à votre égard pour que vous vous sentiez heureux).

3) **Si votre règle ne vous permet de vous sentir bien que très rarement, mais provoque fréquemment un état de malaise en vous** (par exemple, si vous ne vous sentez bien dans votre peau que lorsque tout se déroule exactement comme vous l'espériez et que vous vous sentez malheureux lorsque tout autre événement imprévu se produit).

268

Commencez immédiatement à maîtriser vos règles. Répondez aux questions suivantes aussi méticuleusement que possible :

1) Quelles sont les conditions requises pour que vous sentiez que vous avez réussi ?

2) Quelles sont les conditions requises pour que vous vous sentiez aimé ? par vos enfants, par votre conjoint, par vos parents ? par toute autre personne qui est importante à vos yeux ?

3) Quelles sont les conditions requises pour que vous ayez confiance en vous ?

4) Quelles sont les conditions requises pour que vous sentiez que vous excellez dans un domaine en particulier ?

269

Chaque conflit que vous avez eu avec un autre être humain est attribuable au fait que l'on a enfreint vos règles. Vous n'étiez pas fâché contre la personne ; vous étiez bouleversé qu'il ait outrepassé l'une de vos règles, l'un de vos critères ou l'une de vos croyances à propos de la façon dont les événements doivent ou devraient se dérouler.

En fait, vous avez peut-être enfreint l'une de vos propres règles concernant la façon dont vous devriez vous comporter et penser, ou à propos des sentiments que vous devriez éprouver.

La prochaine fois que vous commencerez à vous fâcher contre quelqu'un, rappelez-vous que vous n'êtes pas en colère contre la personne. Vous réagissez à vos règles selon la situation. Posez-vous simplement cette question-ci : *« Qu'est-ce qui est plus important dans ce cas : mes règles ou ma relation avec cette personne ? »*

Servez-vous de cette technique pour interrompre votre ancienne structure de comportement et pour vous concentrer sur la façon de communiquer plus sincèrement ; cela vous permettra de résoudre immédiatement les conflits.

270

Ne vous attendez pas à ce que les autres respectent vos règles si vous ne leur communiquez pas clairement quelle est la nature de celles-ci. Et ne vous attendez pas à ce qu'ils vivent en fonction de vos règles si vous n'êtes pas prêt à faire des compromis et à observer certaines des leurs.

N'oubliez pas non plus que même si vous avez clairement précisé quelles sont vos règles, des malentendus peuvent tout de même se produire.

C'est pourquoi **la communication permanente est tellement importante.** Lorsqu'il s'agit de règles, il ne faut jamais présumer : il faut communiquer.

271

Certaines règles ont le pouvoir de nous influencer plus que d'autres. Pensez à une règle que vous suivez pour votre santé et que vous n'enfreignez jamais au grand jamais. Quels mots employez-vous pour décrire cette règle « absolue » ? Bien des gens diraient : « Je ne dois jamais prendre de drogues. » Par ailleurs, comment exprimez-vous une règle que vous transgressez parfois, ce qui vous cause des remords par la suite ? Certains diraient : « Eh bien, je ne devrais pas manger d'aliments riches en calories, mais peu nutritifs... »

Après avoir analysé les règles de plusieurs milliers de personnes, je puis vous assurer que vous enfreindrez certainement les règles que vous exprimez en ces termes : « Je ne devrais pas ». Par contre, il est certain que **vous violerez rarement, et même peut-être jamais, les règles que vous exprimez ainsi : « Je ne dois jamais ».** J'appelle ces dernières les règles minimales.

Comment pouvez-vous transformer certains de vos « je devrais » en « je dois » qui vous permettraient de retirer un avantage immédiat de ces changements de comportements ?

272

Lorsqu'on se fixe un trop grand nombre de règles, cela peut rendre la vie insupportable. J'ai vu un jour un reportage télévisé portant sur vingt familles de quintuplés. Le journaliste demanda à tous les parents : « Quelle est la chose principale que vous avez apprise pour conserver votre équilibre mental ? »

La plupart des parents lui répondirent : « **Il ne faut pas avoir trop de règles** ». Pourquoi ? Avec un tel nombre de personnes et de personnalités diverses, la loi de la moyenne dicte que, si vous avez trop de règles, il est certain que quelqu'un en enfreindra au moins une à chaque heure de la journée, ce qui vous causera un stress constant.

N'est-il pas plus logique de décider de ne suivre que quelques règles et de choisir les plus importantes ? Je puis vous assurer que moins vous aurez de règles dans vos relations, plus vous serez heureux.

273

En passant, voici une règle que j'ai à vous proposer : tandis que vous élaborez les nouvelles règles qui régiront votre vie, il est important de s'amuser ! Il faut savoir oser !

Explorez les frontières du possible. Enfreignez vos anciennes règles. Créez certaines nouvelles règles loufoques.

Toute votre vie, vous avez suivi des règles pour vous limiter ou pour vous freiner. Pourquoi ne pas en profiter pour vous moquer de quelques-unes d'entre elles ? Peut-être que pour sentir que l'on vous aime, tout ce que vous avez besoin de faire, c'est de remuer votre petit orteil.

Cela peut sembler bizarre, mais qui peut décider à votre place ce que vous trouvez agréable ?

Section 10

LE SECRET POUR MENER UNE VIE PLUS PASSIONNANTE

L'IDENTITÉ ET LES RÉFÉRENCES

•

« Si nous faisions tout ce dont nous sommes capables, nous en serions littéralement stupéfaits. »
THOMAS A. EDISON

274

En quoi vous différenciez-vous de tous les autres habitants de la planète? Vos expériences donnent un caractère unique à votre vie. Tout ce que vous avez fait par le passé est enregistré non seulement dans votre mémoire consciente, mais également dans votre système nerveux.

Tout ce que vous avez jamais vu, entendu, touché, goûté ou senti est enfoui dans un immense classeur: le cerveau.

Ces souvenirs conscients et inconscients s'appellent des « références ». C'est sur ces expériences que nous nous appuyons pour être certains de ce que nous devons croire, ce qui inclut certaines de nos croyances principales à propos de qui nous sommes et de ce que nous sommes capables d'accomplir.

275

Quelles sont les expériences qui ont eu l'impact le plus considérable dans votre vie? Avant de donner mes séminaires, je demande aux participants de remplir un questionnaire détaillé dans lequel ils dressent une liste des cinq expériences qui ont eu une influence considérable sur leur vie. **L'aspect le plus fascinant de cette analyse c'est que de nombreuses personnes ont vécu les mêmes expériences (références), mais les ont interprétées de façon tout à fait différente.** C'est pour cela qu'ils mènent des vies différentes aujourd'hui.

Deux hommes ont perdu leurs parents pendant leur plus tendre enfance. À l'issue de cette expérience, l'un d'entre eux est devenu très renfermé et évite tout contact intime, tandis que l'autre est devenu l'une des personnes les plus sociables et sensibles que j'ai jamais rencontrée.

Ce ne sont pas uniquement les références qui façonnent notre personnalité, mais bien la signification que nous leur attribuons.

276

Vous êtes l'architecte de votre vie, que vous en ayez conscience ou non. **Imaginez que toutes vos expériences forment une immense tapisserie dont les motifs peuvent s'agencer comme vous le désirez.** Chaque jour, vous tissez un fil de plus…

Désirez-vous confectionner un rideau pour vous cacher ou un tapis magique qui vous emportera vers des sommets jamais atteints auparavant ? Il est essentiel de retravailler les motifs de façon à ce que les souvenirs positifs qui renforcent votre confiance en vous deviennent le motif principal, la pièce de résistance de votre chef-d'œuvre.

277

Prenez quelques minutes pour dresser une liste des cinq expériences qui ont eu une grande influence sur votre personnalité.

Décrivez l'événement et expliquez quel effet cela a eu sur vous. Si certaines idées qui pourraient avoir des conséquences négatives vous viennent à l'esprit, réinterprétez-les immédiatement, quel que soit l'effort que cela vous coûte.

Il faut avoir foi en ce que vous faites. Il est possible que vous ayez besoin d'adopter une nouvelle perspective que vous n'auriez jamais envisagée auparavant.

N'oubliez pas que toutes les expériences renferment une leçon.

278

Pour accomplir quoi que ce soit, il faut avoir un sentiment de certitude. Nos références nous aident à bâtir cet état affectif important. Cependant, si nous n'avons aucune expérience dans un domaine (c'est-à-dire que nous n'avons pas de cadre de références), comment est-il possible d'éprouver de la certitude ? Prenez conscience du fait que votre cadre de références actuel ne doit pas vous limiter : **vous trouverez un nombre infini de références dans votre imagination sur lesquelles vous pouvez vous appuyer.**

N'oubliez pas que lorsque Roger Bannister a battu le record du monde, qui consistait à courir 1,66 km en 4 minutes, c'était surtout parce qu'il avait déjà accompli cette tâche mentalement. Le fait qu'il se soit visualisé maintes fois en train de battre ce record lui a permis de bâtir un cadre de références qui l'a aidé à acquérir la conviction qu'il pouvait exploiter son potentiel physique au maximum.

Combien de barrières réussiriez-vous à surmonter si vous vous serviez de la puissance de votre imagination pour concevoir un cadre de références tel qu'il vous permettrait de vous surpasser ?

279

Votre imagination est dix fois plus puissante que votre force de volonté. **Une fois que vous aurez réussi à laisser libre cours à votre imagination, elle vous donnera un sentiment de certitude et une vision très claire qui vous permettront d'aller au-delà de toutes les limites que vous avez connues par le passé.**

André Agassi m'a dit récemment qu'il avait gagné le tournoi de tennis de Wimbledon des milliers de fois à l'âge de dix ans…, mentalement. Ces visualisations constantes et détaillées de sa victoire lui donnèrent la certitude intérieure qui lui permit finalement de réaliser ce rêve au cours de l'été 1992.

Quel rêve pourriez-vous réaliser en employant constamment votre imagination ?

280

Voici une méthode simple pour élargir immédiatement votre « bibliothèque de références » : explorez la richesse de la littérature, des contes, des mythes, de la poésie et de la musique.

Lisez des livres, regardez des films, des DVD et des cassettes vidéo, allez voir des pièces de théâtre, inscrivez-vous à des colloques, discutez avec des étrangers.

Toutes les références ont le pouvoir potentiel de changer votre vie et on ne sait jamais quelle est celle qui aura un impact décisif.

281

Le côté magique de la lecture d'une œuvre littéraire est que l'on commence à penser de la même manière que l'auteur. Pendant les quelques moments magiques où vous parcourez les forêts d'Ardennes, vous êtes William Shakespeare; lorsque vous avez fait naufrage sur l'Île au Trésor, vous étiez Robert Louis Balfour Stevenson; lorsque vous êtes en communion avec la nature à Walden, vous êtes Henry David Thoreau. Vous commencez à penser comme les auteurs, à avoir les mêmes sentiments qu'eux, et à employer votre imagination tout comme ils le feraient. Leurs références deviennent les vôtres et laissent une marque qui reste en vous bien après que vous ayez lu la dernière page.

Dans quelle aventure fascinante, amusante et enrichissante pourriez-vous vous lancer en lisant un bon livre, une pièce divertissante, ou en écoutant un morceau de musique émouvant ?

282

Que pensez-vous de l'idée d'adopter la croyance qu'aucune expérience n'est fondamentalement mauvaise ? N'est-il pas vrai que tout ce qui vous arrive dans la vie, que ce soit difficile ou facile, pénible ou agréable, comporte une leçon ? **Chaque expérience vous permet d'apprendre de nouvelles choses si vous vous y appliquez.**

Repensez à l'une de vos « pires » expériences. Le pouvoir de façonner votre vie consiste à changer la signification que vous attribuez à une expérience donnée. Faites un retour en arrière, est-il possible de trouver certains aspects positifs ? Peut-être avez-vous été renvoyé, agressé ou victime d'un accident d'automobile, mais il est fort probable que cette expérience vous a permis de prendre de nouvelles résolutions ou a déclenché une prise de conscience, ou vous a rendu plus sensible vis-à-vis des autres, ce qui a vous a aidé à évoluer et a augmenté votre capacité de contribuer au bien-être d'autrui.

283

Les expériences limitées créent une vie limitée. Si vous désirez enrichir votre vie et évoluer, il est essentiel d'élargir votre cadre de références en cultivant de nouvelles idées et en tentant délibérément de nouvelles expériences.

Il est rare qu'une idée brillante se manifeste à l'improviste, il faut la chercher activement.

Pensez à un projet que vous n'aviez jamais envisagé au préalable et qui vous permettrait de découvrir un nouvel univers.

284

Tentez de nouvelles expériences: faites de la plongée sous-marine et explorez les mers et les océans; observez comment se déroule la vie dans un nouvel environnement. Passez une soirée à écouter une symphonie même si vous n'avez pas de penchant pour la musique classique, ou bien, allez écouter un concert de rock si ce n'est pas dans vos habitudes.

Visitez un hôpital pour enfants. Plongez-vous dans une nouvelle culture et percevez le monde selon la perspective de quelqu'un d'autre. Entrez en contact avec le poste de police le plus proche de chez vous, et voyez s'il vous est possible de vous joindre à une patrouille de policiers pour voir comment ils font leur travail.

N'oubliez pas que toutes les limites auxquelles vous vous heurtez dans la vie sont probablement le produit de votre cadre de références limité. Multipliez vos références et cela élargira immédiatement vos horizons.

285

Quelles nouvelles expériences aimeriez-vous faire ? Voici une question utile que vous pourriez vous poser: « Pour atteindre l'objectif que je désire réellement, de quelles références ai-je besoin ? »

Pensez à des expériences divertissantes que vous aimeriez tenter. Pensez à certaines choses qui seraient amusantes et agréables.

Accordez-vous un moment de réflexion intense et dressez une liste des nouvelles références que vous désirez acquérir. Fixez-vous des délais pour chacune d'entre elles. Décidez de la date à laquelle vous allez acquérir chacune d'entre elles. Quand apprendrez-vous à parler espagnol, ou grec, ou japonais ? Quand irez-vous vous promener en montgolfière ? Quand irez-vous visiter une maison de retraite et chanter des chants de Noël ? **Quand allez-vous faire quelque chose d'inhabituel et de stimulant ?**

286

L'une des références les plus importantes que je partage avec mon fils est l'expérience que nous avons faite ensemble de distribuer des paniers de nourriture un jour d'action de grâce. J'avais encouragé mon fils, âgé de quatre ans à l'époque, à livrer un panier à un homme qui dormait étendu dans l'entrée d'une toilette publique. À ma surprise, Jairek lui toucha l'épaule et s'écria : « Bonne journée d'action de grâce ! »

Soudain, l'homme bondit sur ses pieds et se précipita vers lui. J'eus un coup au cœur ; juste au moment où je m'élançais vers mon fils, l'homme prit délicatement la main de Jairek et l'embrassa. Il murmura d'une voix rauque : « **Merci de ta gentillesse...** » Je pense que c'est le plus beau cadeau que l'on puisse faire à un enfant le jour de l'action de grâce.

Quelle expérience émouvante pourriez-vous partager avec quelqu'un que vous aimez ?

287

Vous n'avez pas besoin de faire un safari pour élargir votre cadre de références. Vous pouvez tout simplement traverser la rue et tendre la main à l'un des membres de votre propre communauté.

Le fait d'ajouter simplement une nouvelle référence à notre vie nous permet de découvrir tout un univers. Il peut s'agir de quelque chose que vous voyez ou que vous entendez, d'une conversation, d'un film, d'un colloque ou de quelque chose que vous lirez à la page suivante…

On ne sait jamais quand le déclic se fait.

288

Quittez votre rôle de simple spectateur et participez au jeu de la vie !

Laissez libre cours à votre imagination et pensez à toutes les choses que vous pourriez explorer et découvrir.

Commencez immédiatement.

Quelle nouvelle expérience enrichissante pourriez-vous tenter aujourd'hui ?

Quel impact cela aurait-il sur votre personnalité ?

289

Il y a une force qui façonne votre vie. Elle détermine ce que vous considérez possible ou impossible, ce que vous tentez d'accomplir ou ce que vous évitez, votre façon de penser, les relations que vous établissez. Cette force est la croyance que vous avez à propos de qui vous êtes : votre identité.

Nous avons tous au moins une façon subconsciente de nous définir, et cette définition a un effet sur tous les aspects de notre vie. Par exemple, si vous pensiez être conservateur, vous bougeriez et vous parleriez d'une certaine façon. Par contre, si vous vous considériez « relax et dans le vent », vos gestes et votre façon de vous exprimer seraient différents.

Le fait de modifier votre définition personnelle vous permettra de changer instantanément les talents que vous exprimez, vos comportements et vos aspirations. Notre façon de nous définir est le filtre qui détermine toutes nos décisions. C'est la croyance essentielle sur laquelle nous nous basons pour interpréter toutes les expériences de la vie.

290

Vous êtes-vous jamais dit ceci : *« Je ne peux pas faire telle chose ! Ce n'est pas mon genre ! »* ? Si vous avez déjà employé cette phrase, vous êtes arrivé à la frontière de la façon dont vous vous êtes défini par le passé et cela influe sur la qualité de votre vie actuelle. Posez-vous cette question-ci : *« D'où proviennent ces croyances à propos de qui je suis et à quand remontent-elles ? »* **L'heure est peut-être venue de mettre votre identité à jour.**

L'avez-vous choisie consciemment ou est-ce le produit des commentaires que les autres ont fait à votre sujet ? Votre identité est-elle le résultat des événements importants de votre vie ou est-elle attribuable à des circonstances qui se sont produites sans que vous en ayez conscience ou sans que vous soyez d'accord ?

Si vous commenciez à vous définir différemment, d'une façon plus valorisante et qui corresponde davantage à la personne que vous êtes actuellement, quels termes emploieriez-vous pour décrire qui vous êtes aujourd'hui ?

291

Nous avons tous besoin d'élargir le cadre de références en fonction duquel nous définissons qui nous sommes et ce que nous pouvons accomplir. Nous devons nous assurer que les étiquettes que nous nous collons ne nous limiteront pas, mais qu'elles enrichiront au contraire notre vie et viendront s'ajouter aux qualités que nous possédons déjà.

Faites preuve de prudence: chaque fois que vous emploierez les termes «Je suis», c'est ce que vous deviendrez. Par exemple, certains disent: «Je suis paresseux». Il est possible qu'ils ne soient pas paresseux, mais qu'ils aient tout simplement des objectifs qui ne les inspirent guère.

Vous définissez-vous dans des termes qui créent des limites? Ces limites que vous redoutez finissent-elles par se réaliser? Si tel est le cas, changez-les tout de suite!

292

Chaque fois que nous effectuons un changement dans notre vie, notre entourage nous soutient ou entrave nos progrès. Si nos proches continuent à penser à nous dans les mêmes termes que par le passé, leur sentiment de certitude (croyances) à propos de qui nous étions peut, en fait, constituer une ancre négative et nous faire retomber dans les structures affectives et les croyances restrictives qui faisaient partie de notre ancienne identité.

Nous devons prendre conscience du fait **que nous sommes les seuls à détenir réellement le pouvoir de définir qui nous sommes.** Notre passé ne détermine pas le présent ni l'avenir. *Passez à l'action et revendiquez votre nouvelle identité valorisante dès aujourd'hui.*

293

Si vous avez essayé maintes fois d'effectuer des changements positifs mais que vous échouez constamment, il est probable que vous tentiez d'adopter un comportement qui ne cadre pas avec la personne que vous croyez être.

Pour effectuer des améliorations profondes et rapides, et rehausser la qualité de votre vie, vous devez modifier, changer ou élargir le concept que vous avez de votre identité.

Par exemple, au lieu d'essayer simplement de cesser de consommer trop d'alcool, vous pourriez élargir votre identité et vous voir sous le jour d'une personne en bonne santé, pleine de vitalité et déterminée à réussir des performances de haut niveau. Cette décision se traduira tout naturellement par un refus de votre part de consommer de l'alcool de façon excessive.

294

Qu'est-ce qu'une crise d'identité? La meilleure définition est peut-être celle-ci: c'est ce qui se produit couramment lorsque les gens agissent d'une façon qui ne cadre pas avec qui ils croient être et qui les force à remettre en question chaque aspect de leur vie. Mais savons-nous réellement qui nous sommes au fond ? J'en doute.

Le fait d'avoir une identité étroitement associée à notre âge ou à notre apparence déclenchera certainement à l'avenir une crise et des sentiments pénibles. Après tout, les attributs physiques ne sont que temporaires. Par contre, le fait de nous percevoir en fonction d'un cadre de références plus vaste et d'avoir même une définition spirituelle de nous-même nous permet d'avoir une identité si solide qu'elle ne sera jamais menacée par quoi que ce soit.

Il est certain que nous sommes d'essence supérieure à notre corps physique. Qu'est-ce qui vous rend unique ?

295

Accordez-vous quelques moments de réflexion pour établir qui vous êtes.

Montrez-vous curieux et enjoué lorsque vous répondrez à cette question-ci : « **Qui êtes-vous ?** »

Vous définissez-vous en fonction de vos réalisations passées, présentes ou futures ? selon votre profession ? selon votre revenu ? selon les rôles que vous jouez dans la vie ? selon vos croyances spirituelles ? selon vos attributs physiques ? ou en des termes qui transcendent toutes ces catégories ?

296

Si vous cherchiez votre nom dans le dictionnaire, quelle définition liriez-vous ?

Suffirait-il de trois mots pour vous définir, ou votre biographie s'étendrait-elle sur de nombreuses pages, ou faudrait-il même tout un volume pour décrire votre personnalité complexe ?

Rédigez tout de suite la définition que vous trouveriez sous votre nom dans *Le Larousse* ou *Le Petit Robert des noms propres.*

297

Si vous deviez créer une carte d'identité qui vous représente réellement, **qu'inscririez-vous et quels détails omettriez-vous ?** Incluriez-vous une photo ou une description physique, ou considérez-vous cela peu important ?

Trouverait-on vos coordonnées et vos renseignements personnels sur cette carte ?

Pourrait-on y lire vos réalisations ? vos valeurs ? vos émotions ? vos croyances ? vos aspirations ? votre slogan ? votre devise ?

Prenez quelques minutes pour concevoir votre nouvelle carte d'identité : une pièce d'identité extrêmement personnelle que vous pourriez montrer à quelqu'un pour qu'il sache qui vous êtes vraiment.

298

Si certains aspects de votre identité vous causent de la souffrance, pourquoi vous y accrocher ? Ce sont simplement des caractéristiques auxquelles vous avez décidé de vous identifier jusqu'à présent.

Inspirez-vous de l'imagination fertile qui remplit le cœur et l'âme de chaque enfant. Un jour, il est Zorro, protecteur de la veuve et de l'orphelin. Le lendemain, il est Hercule, l'homme le plus fort de la terre. Et aujourd'hui, il est grand-papa, son héros dans la vie réelle. Ces changements d'identité peuvent constituer les expériences les plus joyeuses, magiques et libératrices de la vie.

Nous pouvons nous redéfinir entièrement en un instant, ou nous pouvons décider de dévoiler notre âme, révélant ainsi une identité des plus vastes qui va bien au-delà de nos comportements, de notre passé et de toutes les étiquettes que nous nous donnons depuis toujours.

299

Si vous pouviez être n'importe qui au monde, quelle identité choisiriez-vous ? Dressez aujourd'hui une liste de tous les éléments que vous aimeriez y inclure.

Qui possède déjà ces caractéristiques auxquelles vous aspirez ? Pouvez-vous calquer votre comportement sur cette personne ? Imaginez que vous entriez complètement dans la peau de ce nouveau personnage. Imaginez quelle serait votre respiration. De quelle facon marcheriez-vous ? Quels mots emploieriez-vous ? Que serait le fruit de vos pensées ? Quels sentiments éprouveriez-vous ?

Réjouissez-vous du pouvoir que vous détenez de changer immédiatement n'importe quel aspect de votre identité en décidant tout simplement de le faire.

300

Si vous voulez sincèrement enrichir votre identité et votre vie, décidez consciemment qui vous voulez devenir.

Enthousiasmez-vous, redevenez à nouveau un enfant et décrivez en détail qui vous avez décidé d'être aujourd'hui.

Prenez quelques minutes maintenant pour dresser une liste détaillée et surtout ne vous fixez pas de limites.

301

Les gens que nous fréquentons ont une grande influence sur notre perception de qui nous sommes. **Au fur et à mesure que vous élaborez un plan d'action pour raffermir votre nouvelle identité, faites très attention aux gens dont vous vous entourez.**

Est-ce que vos amis, votre famille et vos associés renforceront ou ébranleront l'identité que vous êtes en train de créer?

302

Engagez-vous à adopter cette nouvelle identité en l'annonçant à votre entourage.

Mais n'oubliez pas que la principale personne à qui vous devez l'annoncer, c'est à vous-même.

Servez-vous de votre nouvelle étiquette pour vous décrire chaque jour et cela deviendra un réflexe conditionné.

303

Vous pouvez dès maintenant commencer à vivre sous la nouvelle identité que vous avez choisie. Posez-vous les questions suivantes: « Que puis-je être de plus? Que serai-je de plus? Qui suis-je en train de devenir maintenant? »

Quel que soit l'environnement où vous vous trouvez, engagez-vous à agir constamment comme la personne qui atteint déjà les objectifs fixés. Respirez comme cette personne. Bougez votre corps comme cette personne. Réagissez aux autres comme cette personne. Traitez les gens avec la dignité, le respect, la compassion et l'amour dont ferait preuve cette personne que vous êtes en train de devenir.

Si vous décidez de penser, d'agir et d'éprouver les mêmes sentiments que la personne que vous voulez être, vous deviendrez cette personne.

304

Vous vous trouvez maintenant à un carrefour. **Oubliez votre passé. Qui êtes-vous maintenant ?** Ne pensez pas à qui vous étiez. Qui avez-vous décidé de devenir ?

Prenez cette décision consciemment. Prenez-la soigneusement. Prenez-la intensément.

Puis, passez à l'action !

Section 11

LA SYNTHÈSE GLOBALE

LA SANTÉ, LES FINANCES, LES RELATIONS ET LE CODE DE CONDUITE

« *Joignez le geste à la parole.* »
RALPH WALDO EMERSON

305

Commencez à récolter les récompenses de certains des outils et des stratégies que vous avez employés et des leçons quotidiennes de maîtrise de soi que vous avez apprises.

Au fur et à mesure que vous lirez chaque page dans cette section, vous vous concentrerez sur divers aspects essentiels (physiques, financiers et interpersonnels), et vous mettrez au point une méthode pour faire en sorte de vivre chaque jour conformément à vos critères les plus élevés.

306

Tout comme vous avez appris à conditionner votre système nerveux pour déclencher les comportements qui vous donneront les résultats que vous souhaitez, **votre destin physique dépend de votre façon de conditionner votre métabolisme et vos muscles** pour parvenir au niveau d'énergie et de forme physique que vous désirez.

Que faites-vous régulièrement pour entretenir votre corps et atteindre le niveau de santé que vous désirez ?

307

Qu'est-ce qui permet au corps humain de fonctionner de façon optimale ? L'incroyable exploit de Stu Mittleman démontre bien la puissance de certains principes fondamentaux. **Stu Mittleman a battu le record mondial de course de fond en parcourant plus de mille six cent cinquante kilomètres en onze jours, en courant dix-**

neuf heures par jour, c'est-à-dire une moyenne de cent cinquante kilomètres par jour! Le plus stupéfiant, selon certains témoins, c'est qu'il avait l'air en meilleure forme à la fin de cette course qu'au départ. Il ne se blessa pas et n'eut même pas une ampoule.

Qu'est-ce qui lui a permis d'exploiter pleinement son potentiel physique sans se blesser? Tout d'abord, en consacrant de nombreuses années à entraîner son corps et son esprit, Stu Mittleman prouva que nous pouvons nous adapter à presque tout si nous nous entraînons progressivement et continuellement.

308

Quelle est la seconde raison pour laquelle Stu Mittleman réussit à établir un nouveau record mondial de course de fond? C'est tout simplement **que la santé et la bonne forme physique sont différentes l'une de l'autre.**

Qu'est-ce que la bonne forme physique? Selon le Dr Philip Maffetone, c'est «la capacité physique de déployer des activités de nature athlétique». Cependant, on définit la santé de façon beaucoup plus générale comme étant: «L'état dans lequel tous les systèmes du corps fonctionnent de façon optimale.» Nombreux sont ceux qui pensent que la bonne forme physique est synonyme de santé, mais les deux ne vont pas nécessairement de pair. Si vous réussissez à vous mettre en bonne forme physique au détriment de votre santé, il est possible que vous ne viviez pas assez longtemps pour jouir de votre physique spectaculaire.

Quelle est la priorité à vos yeux? Êtes-vous parvenu à un équilibre entre la santé et la forme physique?

309

Comment pouvons-nous améliorer notre santé? **La meilleure méthode est de comprendre la différence entre l'exercice aérobique et anaréobique, entre l'endurance et la puissance.** « Aérobique » signifie « avec de l'oxygène » et fait référence à un exercice modéré que l'on prolonge pendant une certaine période de temps. En activant votre endurance grâce à l'exercice aérobique, vous brûlez de la graisse comme source d'énergie primaire.

Par ailleurs, « anaérobique » signifie « sans oxygène » et fait référence au type d'exercice qui produit de brèves poussées d'énergie. Lorsqu'on fait de l'exercice anaérobique, on brûle du glycogène, ce qui permet au corps d'emmagasiner de la graisse.

Considérez-vous que vous êtes en bonne santé? en bonne forme? ni l'un ni l'autre?

310

Comment se fait-il que tant de gens se sentent fatigués? **En raison de leur désir d'obtenir les meilleurs résultats possible dans les plus brefs délais, nombreux sont ceux qui adoptent un style de vie anaérobique. Ils subissent beaucoup de stress et doivent affronter de nombreuses obligations. Leur façon de faire de l'exercice ne fait qu'aggraver la situation.** En faisant un type d'exercice anaérobique, ils diminuent leur réserve de glycogène. Pour permettre au corps de fonctionner, le métabolisme brûle le glucose présent dans le sang, source secondaire d'énergie, ce qui leur cause des maux de tête, de la fatigue et d'autres problèmes.

Comment faire de l'exercice de façon aérobique? *Tout simplement en ralentissant le rythme.* Selon le Dr Philip Maffetone, la plupart des types d'exercice, tels que la marche, la course à pied, le cyclisme et la natation, peuvent être soit aérobiques ou anaérobiques. Un pouls plus lent indique que l'exercice est de nature aérobique, tandis qu'un pouls plus élevé indique que l'exercice est de nature anaérobique.

Vous faut-il ralentir dans votre façon de faire de l'exercice ou dans votre style de vie ?

311

Si vous voulez convertir votre corps en une machine à brûler de la graisse, vous devez entraîner votre métabolisme à fonctionner continuellement de façon aérobique. **Le Dr Maffetone recommande de faire uniquement de l'exercice aérobique pendant une période de deux à huit mois.**

Il faut ensuite intégrer des séances d'exercice anaérobique dans votre routine, entre une et trois fois par semaine, pour parvenir à un équilibre entre la santé et la bonne forme physique.

Qui devriez-vous consulter pour que votre santé soit la meilleure possible ? Quelles ressources pourriez-vous utiliser ?

312

Le philosophe britannique Ludwig Wittgenstein a écrit : « **Le corps humain reflète parfaitement l'âme humaine.** »

Qu'est-ce que votre corps révèle à propos de votre nature profonde ?

313

L'élément principal pour être en bonne santé est probablement l'oxygène. Sans cela, les cellules s'affaiblissent et meurent.

Pour éviter de faire baisser vos réserves d'oxygène pendant que vous faites de l'exercice, il est essentiel de savoir si vous avez traversé la frontière qui sépare l'activité aérobique de l'activité anaérobique.

Répondez aux questions suivantes :

1) Pouvez-vous parler pendant que vous faites de l'exercice (aérobique) ou bien êtes-vous trop essoufflé (anaérobique) ?

2) Est-ce que votre respiration est régulière et audible (aérobique) ou est-elle laborieuse (anaérobique) ?

3) Trouvez-vous votre programme d'exercice plaisant, même si vous ressentez de la fatigue (aérobique), ou est-ce que vous vous sentez absolument épuisé (anaérobique) ?

4) Sur une échelle de zéro à dix, zéro étant l'effort minimal et dix étant l'effort maximal, quel est votre score ? Idéalement, votre score devrait se situer entre six et sept. Si vous avez dépassé sept, cela signifie que vous vous trouvez dans la zone anaérobique.

314

Voici une méthode pour commencer à intégrer un programme d'exercice agréable et régulier dans votre style de vie :

1) **Analysez si votre programme d'exercice habituel est aérobique ou anaérobique:** Vous sentez-vous fatigué au réveil ? Vous sentez-vous affamé ? Êtes-vous sujet à des changements d'humeur brusques et avez-vous des courbatures et des crampes après votre entraînement ? Est-ce que vous avez toujours le même bourrelet

de graisse tenace malgré vos efforts les plus diligents ? Si vous avez répondu affirmativement à certaines ou à toutes ces questions, il est probable que votre type d'exercice est anaérobique.

2) **Achetez-vous un moniteur cardiaque portatif** pour vous aider à maintenir un niveau optimal d'efficacité cardiorespiratoire. C'est l'un des meilleurs investissements que vous puissiez faire.

3) **Élaborez un programme pour commencer à conditionner votre métabolisme à brûler de la graisse et à se maintenir à un niveau constant d'énergie.** Suivez ce programme pendant un minimum de dix jours.

315

L'une des choses les plus importantes dans la vie est d'apprendre à maîtriser vos relations. La réussite n'est pas gratifiante si on ne peut la partager avec personne. De fait, l'émotion la plus recherchée est le lien affectif. Au cours des prochaines journées, étudions six principes organisateurs qui jouent un rôle fondamental dans toutes les relations, tout particulièrement vos relations amoureuses.

Vous devez tout d'abord connaître les valeurs et les règles de la personne avec qui vous partagez votre vie. Quel que soit l'amour que vous ressentiez pour quelqu'un, quel que soit le degré d'intimité entre vous, il y aura certainement des conflits et du stress si vous enfreignez constamment vos règles mutuelles.

Si vous ne connaissez pas (ou si vous avez oublié) les règles de votre partenaire, apprenez à les connaître. Si vous n'en avez pas parlé depuis un certain temps, c'est une bonne idée de les vérifier à nouveau.

316

Les relations ne sont durables que si **vous les concevez comme un endroit où vous allez donner de votre personne** et non pas un endroit où vous allez prendre.

Dans votre relation, quelle est la chose la plus importante que vous donniez ?

317

Pour entretenir une relation, **il faut être conscient de tous les signes précurseurs d'un conflit.**

Si vous les établissez immédiatement et que vous intervenez sur-le-champ, vous pourrez maîtriser la situation avant qu'un conflit n'éclate.

Y a-t-il des signes précurseurs dans votre relation dont vous devriez tenir compte ?

Quels gestes pouvez-vous poser aujourd'hui pour « étouffer le monstre dans l'œuf », avant que le conflit ne prenne de l'ampleur ?

318

Bien des fois, les relations interpersonnelles se soldent par un échec sans que les intéressés ne sachent exactement quel était le problème. La communication claire et directe est la meilleure méthode pour établir des relations durables. Assurez-vous que votre partenaire connaît et respecte vos règles.

Mettez-vous d'accord avec votre partenaire pour adopter certains codes d'interruption de structures affectives habituelles pour empêcher que des disputes n'éclatent. Il est très courant de ne même plus savoir pourquoi on se dispute et d'être obsédés par le désir de gagner.

Servez-vous du vocabulaire transformationnel pour empêcher que les conflits ne prennent de l'ampleur. Par exemple, au lieu de dire: « Je ne peux pas supporter que tu fasses telle chose », dites plutôt: « Je préfère que tu fasses ceci plutôt que cela ».

319

Votre relation amoureuse est-elle l'une de vos principales priorités?

Sinon, cela signifie que votre relation passe au second plan et que vous accordez la priorité aux urgences quotidiennes.

Cela veut dire que votre passion se dissipera petit à petit.

Ne vous laissez pas sombrer dans le train-train quotidien.

Il est important de cultiver l'enthousiasme et la gratitude lorsqu'on a quelqu'un de spécial dans sa vie.

320

Si vous voulez que votre relation soit durable, ne proférez jamais de menaces.

Le simple fait de dire: « Si tu fais ça, je te quitte » crée la possibilité de mettre fin à la relation.

Concentrez-vous plutôt sur la façon d'améliorer la relation chaque jour.

Tous les couples que je connais qui ont bâti une relation durable et satisfaisante se sont fixé la règle suivante: Quel que soit le chagrin ou la colère qu'ils éprouvent, ils se sont mis d'accord pour ne jamais remettre en question l'existence de la relation.

321

L'une des meilleures choses que vous puissiez faire chaque jour, c'est de repenser à nouveau à toutes les qualités que vous aimez chez votre partenaire.

Renforcez votre lien et renouvelez votre sentiment d'intimité et l'attirance que vous éprouvez en vous demandant constamment: *« Comment se fait-il que j'ai eu la chance que tu sois dans ma vie ? »*

Cherchez sans cesse des façons de vous surprendre mutuellement et d'exprimer la profondeur de vos sentiments. Ne négligez pas votre partenaire, réservez-vous des moments d'intimité qui rendront votre relation unique au monde !

Que pourriez-vous faire aujourd'hui pour quelqu'un que vous aimez ?

322

Êtes-vous réellement décidé à vivre la relation amoureuse de vos rêves ? Voici quelques-unes des règles fondamentales (qui servent de pivots) que vous devriez observer dans vos relations:

1) **Passez du temps avec votre partenaire et découvrez ensemble ce qui est le plus important pour l'autre.** Quelles sont vos valeurs principales dans le cadre de cette relation et que doit faire

votre partenaire pour que vous sentiez que l'on respecte vos valeurs, et que l'on répond à vos attentes ?

2) **Décidez qu'il est plus important à vos yeux d'être amoureux que d'avoir raison.** Si jamais vous commencez à insister pour avoir raison, mettez fin vous-même à cette structure de comportement. Si cela s'avère nécessaire, cessez de discuter jusqu'à ce que vous puissiez à nouveau aborder le problème de façon plus constructive et trouver une solution.

323

AUTRES RÈGLES FONDAMENTALES DES RELATIONS

3) **Inventez ensemble des codes d'interruption de vos structures affectives et comportementales habituelles. Mettez-vous d'accord pour les employer lorsque la dispute devient acharnée.** Employez les codes d'interruption les plus bizarres ou les plus humoristiques possible. Faites en sorte qu'ils deviennent un lien secret et amusant qui vous rapproche.

4) **Lorsque le comportement de votre partenaire vous déplaît, faites-le-lui savoir avec tact en employant des termes qui atténuent le plus possible l'intensité de vos émotions négatives:** « Je sais que ce sont mes manies personnelles, mais lorsque tu fais telle chose, cela me contrarie un peu. »

5) **Réservez-vous des soirées en tête-à-tête, de préférence une fois par semaine, ou du moins deux fois par mois.** Pensez à des choses agréables et romantiques que vous pourriez faire ensemble.

6) **Échangez tous les jours un long baiser passionné !**

324

Bien des gens commettent l'erreur de penser que tous les problèmes de leur vie disparaîtraient si seulement ils avaient assez d'argent.

Cependant, l'argent seul réussit rarement à nous libérer de nos entraves.

Par contre, il est tout aussi ridicule de se dire qu'une plus grande liberté financière et la maîtrise de vos finances ne se traduiraient pas par un plus grand potentiel de croissance et des avantages économiques pour vos proches et pour vous.

325

Il est simple de créer la richesse. Néanmoins, peu de gens réussissent à le faire parce qu'ils ont des lacunes (conflits de valeur et de croyance) dans leurs fondations financières. **La raison la plus courante pour laquelle les gens ne réussissent pas sur le plan financier est qu'ils ont des sentiments contradictoires à propos de l'argent.** D'un côté, ils sont intéressés par les biens matériels que l'argent pourrait leur procurer et, d'un autre côté, ils croient peut-être qu'ils doivent travailler trop dur, ou que l'argent rend les gens corrompus, ou que tous les gens riches ont certainement dû exploiter les autres.

L'une des autres raisons les plus courantes pour lesquelles bien des gens ne maîtrisent jamais leur situation financière, c'est qu'ils pensent que c'est un domaine trop complexe qui devrait être réservé aux « experts ». Bien qu'il soit logique d'avoir recours aux services d'experts-conseils, nous devons tous acquérir la formation nécessaire pour assumer nos responsabilités et comprendre les conséquences des décisions que nous prenons sur le plan financier.

326

Après avoir passé des années à analyser la vie des gens ayant brillamment réussi dans notre culture, j'ai découvert que la maîtrise des finances repose sur cinq éléments clés. **Le premier élément clé est la capacité de créer la richesse.** Si vous arrivez à trouver une façon de multiplier la valeur de ce que vous faites par dix ou quinze, cela vous permettra d'augmenter facilement vos revenus.

Commencez par vous poser ces questions-ci : « *Comment puis-je être plus utile à cette entreprise ? Comment puis-je atteindre de plus nombreux objectifs en moins de temps ? Comment pourrais-je réduire les coûts tout en augmentant les profits et en rehaussant la qualité ? Quels nouveaux systèmes pourrais-je mettre en œuvre ? Quelle nouvelle technologie pourrais-je employer pour donner à cette entreprise un avantage concurrentiel ?* »

327

Le second élément clé de la maîtrise des finances est de conserver votre richesse.

La seule façon d'y parvenir est de dépenser moins que ce que l'on gagne et d'investir la différence.

328

Il est important d'économiser de l'argent, mais cela ne suffit pas à créer la prospérité. **Le troisième élément clé pour maîtriser votre**

situation financière est d'augmenter votre richesse. Pour cela, vous devez dépenser moins que ce que vous gagnez, investir la différence et réinvestir vos profits de façon à obtenir des intérêts composés.

Le fait de réinvestir vos intérêts vous permet d'accroître votre capital de façon exponentielle. La vitesse à laquelle vous parviendrez à obtenir votre indépendance financière est directement proportionnelle à votre désir de réinvestir, et non pas de dépenser, les profits provenant de vos investissements passés.

329

Personne ne veut être une « cible ». **Le quatrième élément clé qui vous permettra de devenir maître de vos finances est de protéger votre richesse.** Il y a de plus en plus de procès dans la société moderne et bien des gens riches se sentent plus menacés que lorsqu'ils possédaient moins de biens, simplement parce qu'ils savent qu'on peut les poursuivre en justice n'importe quand, parfois pour des raisons tout à fait frivoles. La bonne nouvelle est qu'il existe des moyens légaux pour protéger vos biens, à condition que vous ne soyez pas actuellement impliqué dans un procès.

Devriez-vous envisager de protéger vos biens? Même si ce problème ne se pose pas actuellement, vous devriez tout de même commencer à consulter des experts et à vous inspirer de la façon dont les maîtres de la finance gèrent leur portefeuille, tout comme vous le feriez dans d'autres domaines importants de votre vie.

330

N'attendez pas trop longtemps pour commencer à jouir de votre prospérité. **Le cinquième élément clé pour être maître de ses finances**

est de jouir de votre richesse. La plupart des gens attendent d'avoir accumulé un certain montant d'argent avant d'en profiter. Mais à moins d'apprendre à associer le plaisir à la richesse, vous ne garderez pas vos biens longtemps. Aussi, apprenez à vous offrir des récompenses à l'occasion (des primes-surprises).

Envisagez de donner une dîme. Apprenez à maîtriser vos désirs en faisant don d'une partie de vos revenus. La véritable richesse est une émotion: *c'est un sentiment d'abondance absolue.* L'argent n'a aucune valeur si nous n'en faisons pas profiter les gens que nous aimons. Le fait de participer financièrement à l'épanouissement de notre communauté est l'une des plus grandes joies de l'existence.

331

Commencez dès maintenant à prendre le contrôle de votre avenir financier.

1) **Réfléchissez intensément à toutes vos croyances à propos de l'argent.** Remettez en question vos croyances restrictives et renforcez les croyances positives. Servez-vous de la méthode en six étapes du conditionnement par neuroassociations pour vous conditionner à adopter de nouvelles structures.

2) **Apprenez à ajouter de la valeur à votre entreprise ou à celle de votre employeur, que vous soyez rémunéré pour cela ou non.** Décidez de multiplier par dix la valeur de votre travail actuel.

3) **Engagez-vous à déduire au moins dix pour cent de votre chèque de paye et à l'investir dans un portefeuille d'actions.**

4) **Adressez-vous à des experts-conseils qui vous aideront à prendre des décisions éclairées en ce qui a trait à vos investissements.**

5) **Faites-vous une petite cagnotte pour commencer à associer le plaisir à la réussite financière.** Pour qui pourriez-vous faire

quelque chose de spécial ? Comment pourriez-vous renforcer votre décision de commencer aujourd'hui ?

332

C'est excellent d'avoir une échelle de valeurs et de s'engager à la respecter. Mais si vos efforts ne sont pas quantifiables, comment savoir si vous adhérez réellement à vos valeurs de façon quotidienne ou si vous les observez de façon plus sporadique ?

Il est possible que l'une de vos valeurs principales soit la participation au bien-être de la communauté, mais vous y consacrez-vous avec diligence ? L'amour est peut-être l'une de vos priorités, mais à bien y penser, combien de fois avez-vous oublié de prouver votre amour ?

La solution est simple : **créez votre propre code de conduite.** Comment ? Continuez à lire…

333

Avez-vous connu une époque où vous aviez une vision parfaitement claire des choses et où vous saviez exactement comment agir dans toute situation, en dépit des obstacles les plus inattendus ? La plupart d'entre nous n'avons jamais éprouvé ce sentiment de certitude. Pour cela, il faut décider à l'avance d'adopter un ensemble de caractéristiques et s'engager à mener sa vie conformément à ces règles. Le fait de les mettre par écrit, de créer un « code de conduite » personnel, permet d'élaborer une super carte routière de la vie.

Dressez une liste de tous les états que vous vous engagez à ressentir chaque jour afin de vivre conformément à vos principes

et à vos valeurs les plus élevés. Il faut que la liste soit assez longue pour que vous découvriez la richesse et la diversité que vous méritez, mais assez courte pour que vous puissiez vraiment éprouver chacun de ces états, tous les jours.

334

VOTRE CODE DE CONDUITE
(suite)

2) **À côté de chaque caractéristique, inscrivez la règle qui vous permettra de déterminer si vous ressentez réellement ces émotions et si vous êtes parvenu à vous mettre dans l'état désiré.** Par exemple: « Je suis de bonne humeur lorsque je souris aux gens » ou « Je me montre reconnaissant lorsque je me souviens de toutes les bonnes choses dont la vie m'a comblé. »

3) **Engagez-vous à éprouver chacun de ces états au moins une fois par jour.** Il vous serait peut-être utile d'inscrire votre code de conduite sur une feuille de papier que vous porterez sur vous, ou d'en faire des copies que vous pourriez laisser sur votre bureau au travail ou à côté de votre lit. Passez votre liste en revue de temps à autre et posez-vous les questions suivantes: *« Lequel de ces états ai-je déjà éprouvé aujourd'hui? Quels sont ceux qui manquent et comment réussirai-je à ressentir chacun de ces états d'ici la fin de la journée? »*

Section 12

LE CADEAU LE PLUS PRÉCIEUX

LE SENS DE L'ENGAGEMENT SOCIAL

•

« Un jour, après avoir maîtrisé les vents, les vagues, la marée et la gravité, nous dompterons pour Dieu l'énergie de l'amour. Alors, pour la seconde fois dans l'histoire du monde, l'homme aura découvert le feu. »
TEILHARD DE CHARDIN

335

Depuis plus d'une décennie, j'ai l'insigne honneur de travailler avec des gens issus de toutes les couches de la société, des plus pauvres aux plus riches.

Une chose est claire : quel que soit leur statut social, **seuls ceux qui ont découvert le pouvoir de l'engagement social sincère et altruiste trouvent le plus grand bonheur que la vie puisse nous apporter : LE VÉRITABLE ÉPANOUISSEMENT.**

336

Nous avons tous déjà éprouvé un sentiment d'altruisme lorsque nous avons donné un coup de main à un ami, ou bien quand nous avons aidé un enfant à résoudre un problème, quand nous avons prêté main-forte à un collègue dans l'exécution d'un projet difficile, ou offert le bras à une personne âgée qui descendait les marches traîtresses d'un escalier. **Ces expériences nous ont donné un sentiment d'allégresse. C'est dans de tels moments que l'on discerne sa nature suprême.** Et cela nous pousse à être réellement impressionnés par ceux qui donnent constamment de leur personne.

Vous trouverez dans cette section une invitation à donner continuellement, à devenir membre d'une équipe courageuse qui s'est engagée à partager l'offrande du possible avec ceux qui cherchent à améliorer leur qualité de vie.

337

La conscience d'une nation entière fut aiguillonnée par les actes simples mais courageux d'un seul homme. Lorsque Sam LaBudde s'engagea à bord du Maria Luisa en tant que membre temporaire de l'équipage, il risqua sa vie pour enregistrer sur bande vidéo le carnage que les thoniers faisaient parmi les dauphins.

Dès 1991, à peine quatre ans plus tard, Starkist, la plus grande entreprise de thon en conserve, annonça qu'elle ne mettrait plus en conserve le thon attrapé dans des filets que l'on traîne sous fonds sableux. Les autres fabricants de conserves alimentaires adhérèrent à ce mouvement quelques heures plus tard. Même si la bataille n'est pas encore terminée, l'engagement de cet homme permit de sauver la vie d'innombrables dauphins et contribua incontestablement à rééquilibrer quelque peu un écosystème d'une incroyable fragilité.

En faisant preuve d'un peu de créativité et de courage, que pourriez-vous accomplir pour faire avancer les choses sur le plan social dans votre communauté, et même à l'échelle mondiale?

338

Est-il nécessaire de faire un effort surhumain pour résoudre les problèmes mondiaux? Rien n'est plus loin de la vérité.

Tous les résultats que nous constatons dans nos vies sont l'accumulation d'une série de petites décisions que nous avons prises individuellement, en famille, au niveau communautaire, en tant que société et en tant qu'espèce.

Ce sont les personnes qui franchissent une petite étape à la fois tous les jours qui réussissent à effectuer de profonds changements à l'échelle mondiale.

339

Chacun des problèmes mondiaux et nationaux que nous devons affronter aujourd'hui est le produit du comportement humain.

L'aspect positif de cette situation est le suivant: c'est notre comportement qui est la cause de tout cela et nous avons le pouvoir de le changer !

Nous pouvons tous poser certains gestes à la maison, au travail et au sein de notre communauté qui déclencheront une réaction en chaîne, laquelle se traduira par des conséquences positives.

L'impact que nous pouvons avoir n'est limité que par les frontières de notre imagination et l'intensité de notre engagement.

340

Comment une seule personne peut-elle faire avancer les choses?

L'histoire du monde est une simple chronique des actes d'un petit nombre de gens ordinaires qui ont su faire preuve d'un engagement extraordinaire.

Ces personnes qui ont eu le pouvoir d'innover et d'améliorer la qualité de notre vie sont les hommes et les femmes que nous appelons des héros.

Qui sont vos héros?

341

Je pense que vous et moi, et tous les gens que nous aurons jamais l'occasion de connaître, avons la capacité innée d'être héroïques, de poser des gestes courageux et nobles pour améliorer la vie des autres, même s'il semble que cela soit à notre détriment à court terme.

Vous possédez déjà la capacité d'oser prendre position, d'agir pour une bonne cause et de faire avancer les choses sur le plan social.

La question se pose comme suit : « Lorsque le moment sera venu, vous rappellerez-vous que vous êtes un héros et ferez-vous preuve d'altruisme en tendant la main à ceux qui sont dans le besoin ? »

342

Surmonter les difficultés forge le caractère.

343

Vous supposez peut-être que Mère Teresa est une héroïne-née. Mais le fait est que c'était une religieuse qui enseignait dans un quartier relativement riche de Calcutta et qui avait rarement l'occasion de traverser le quartier pauvre de la ville. Un soir, elle entendit les pleurs d'une femme mourante.

Mère Teresa se précipita pour lui porter secours et passa le reste de la nuit à essayer en vain d'obtenir de l'aide dans divers hôpitaux. Lorsque la femme expira dans ses bras, la vie de Mère Teresa fut transformée. En un moment décisif, peut-être un moment divin, elle fit le vœu que tant qu'elle serait en vie personne ne mourrait sans dignité et sans amour si elle pouvait intervenir.

Vous souvenez-vous d'un moment précis qui a marqué un tournant dans votre vie ?

344

Quelles sont les qualités qui définissent un héros ?

Un héros est quelqu'un qui donne courageusement de sa personne même dans les circonstances les plus éprouvantes.

Un héros est quelqu'un qui agit par altruisme et qui exige beaucoup plus de lui ou d'elle-même que la normale.

Un héros est quelqu'un qui défie l'adversité en faisant ce qu'il ou elle croit juste, malgré sa peur.

345

Un héros n'est pas quelqu'un de « parfait ».

Si telle était la norme, il n'y aurait pas de héros.

Nous commettons tous des erreurs, mais cela n'enlève rien à la générosité dont nous faisons preuve au cours de notre vie.

Les héros ne sont pas parfaits : ils sont humains.

346

Comment pouvons-nous résoudre de grands problèmes sociaux ?

Sachez qu'une faible lueur d'héroïsme brûle dans le cœur de chacun.

Elle n'attend que l'occasion pour s'élancer en hautes flammes claires.

La première étape est de nous fixer des critères plus élevés et d'y adhérer.

347

Lorsque les problèmes de la société semblent accablants, chacun d'entre nous peut exercer un contrôle en changeant ses croyances. **Surtout, nous devons cesser de croire que les défis auxquels nous faisons front sont permanents, qu'ils englobent tous les aspects de notre vie, et que les actes d'une seule personne n'ont aucun poids.** Mahatma Gandhi a-t-il abandonné la partie parce qu'il était seul ? Mère Teresa s'est-elle détournée de sa passion d'aider les êtres les plus déshérités parce qu'elle était seule ? Ed Roberts a-t-il baissé les armes devant l'effort qu'il lui coûtait de s'ériger en défenseur des droits des personnes handicapées, sans autre soutien que sa volonté ?

Posez un geste concret aujourd'hui pour démontrer que vous pouvez faire avancer les choses. Portez-vous volontaire pour réconforter les bébés dépendants du crack à l'hôpital de votre quartier. Servez à dîner aux sans-abri. Aidez un adulte à apprendre à lire. Enseignez les compétences parentales à des mères adolescentes. Apportez un bouquet de ballons dans une maison de retraite.

348

Que se produirait-il si vous cultiviez une amitié avec une personne sans foyer et si vous lui donniez l'occasion de vivre des moments agréables qu'il ou elle n'a peut-être pas connus depuis longtemps, sinon jamais ? Qu'éprouverait une personne qui vit dans la rue si vous l'emmeniez voir un film ou se couper les cheveux chez le coiffeur ? Cette personne se sentirait-elle importante ? Sentirait-elle qu'on l'aime ? Sentirait-elle qu'elle vaut la peine qu'on lui prête attention ? N'oubliez pas que de nouvelles références constituent la base de nouvelles croyances et d'une nouvelle identité. **N'oubliez pas non plus que de petits efforts peuvent se traduire par des résultats extraordinaires.**

Faites quelque chose cette semaine. Décidez dès maintenant ce que vous allez faire, inscrivez-le dans votre programme et passez à l'action ! Je vous promets que les récompenses que vous recevrez pour vos bonnes actions valent bien les efforts que vous déploierez.

349

Les décisions quotidiennes que nous prenons façonnent le monde que nous léguerons aux générations futures. **Que mettez-vous dans votre assiette à l'heure du dîner ? Quels produits de beauté employez-vous ? Quels produits d'entretien achetez-vous ?** Votre façon de vivre a un impact indéniable sur l'émission de gaz carbonique dans l'atmosphère et sur le nombre d'espèces de plantes et d'animaux qui disparaissent chaque jour.

De même, les décisions quotidiennes que vous prenez peuvent contribuer à mettre fin à la destruction des forêts tropicales humides, à rééquilibrer notre fragile écosystème et à créer un avenir plein d'espoir pour les générations futures.

350

Comment pouvons-nous faire en sorte qu'un avenir prometteur attende nos enfants? **Tout d'abord, nous pouvons commencer par jouer un rôle actif dans la qualité de leur éducation.**

Est-ce dans l'intérêt des professeurs de vos enfants de comprendre les concepts que vous avez appris dans ce livre? Pensez au pouvoir des questions, des métaphores globales, du vocabulaire transformationnel, des valeurs, des règles et du conditionnement par neuro-associations. En partageant ce que vous savez, vous pouvez avoir une influence considérable.

351

Il est extrêmement dangereux de laisser vos enfants tomber dans le piège qui les porte à croire que ce qu'ils font n'a aucune importance. **Enseignez-leur que chacun de leurs actes a une conséquence.** Montrez-leur que les décisions et les gestes que l'on pose quotidiennement, même s'ils sont mineurs, ont une grande portée.

En quoi votre comportement peut-il être une source d'inspiration aujourd'hui? Comment pouvez-vous démontrer à vos enfants le pouvoir du dévouement, de l'intégrité, de l'engagement? Comment pouvez-vous démontrer ce qu'il est possible d'accomplir?

352

Il n'est pas nécessaire d'attendre d'avoir un plan directeur grandiose pour faire avancer tes choses sur le plan social.

Nous pouvons avoir de l'influence par nos moindres gestes, ou même en prenant ce qui semble être au premier abord une décision insignifiante.

C'est derrière des actes modestes, mais effectués avec régularité, que se cachent les héros. Regardez autour de vous.

Il y a des héros partout.

353

Quel sentiment éprouveriez-vous si quelqu'un avait une crise cardiaque en votre présence, mais que grâce à votre connaissance des techniques de réanimation cardiorespiratoire vous parveniez à lui sauver la vie ?

Le sentiment que vous éprouveriez d'avoir fait votre part vous donnerait une satisfaction et une joie qui dépassent de loin tout ce que vous n'avez jamais éprouvé dans votre vie : quelque chose d'infiniment supérieur à toute marque de reconnaissance que l'on pourrait vous donner, à n'importe quel montant d'argent que vous pourriez gagner, et supérieur à n'importe quelle réalisation.

Inscrivez-vous aujourd'hui à un cours de réanimation cardiorespiratoire pour pouvoir secourir les autres en cas d'urgence !

354

Un simple sourire peut ensoleiller la journée de quelqu'un. Lorsque vous vous trouvez dans un magasin d'alimentation, au lieu d'errer sans but des artichauts aux courgettes, que pensez-vous de l'idée de faire un petit signe de tête et un beau sourire lorsque vous croisez les gens ?

Que pensez-vous de l'idée de faire des compliments sincères à des étrangers ? Pourriez-vous de ce fait modifier leur état affectif de telle façon qu'ils souriraient à leur tour ou qu'ils feraient un compliment à la prochaine personne qu'ils verraient ?

Ne pensez-vous pas qu'un geste aussi simple puisse déclencher une réaction en chaîne ?

En quoi cette façon d'agir transformerait-elle votre état affectif et mental, votre identité même ?

355

Que pensez-vous de l'idée de faire un détour et de vous arrêter dans une maison de retraite lorsque vous rentrez du travail ? Vous pourriez faire la conversation avec des personnes âgées. Quels sentiments éprouveraient-elles si vous leur demandiez : « **Quelles sont certaines des leçons principales que vous avez apprises dans la vie ?** » Je suis prêt à parier qu'elles auraient bien des choses à vous raconter.

Que pensez-vous de l'idée d'aller dans l'hôpital de votre quartier pour rendre visite à un patient et ensoleiller son après-midi par votre présence ? Quel effet votre visite aurait-elle sur une âme esseulée ? Quel sentiment cette personne éprouverait-elle ?

En quoi ce comportement influencerait-il votre perception de vous-même et de ce don magnifique que l'on appelle la vie ?

356

Pourquoi tant de gens craignent-ils de faire le moindre effort pour aider les autres ?

L'une des raisons les plus courantes est qu'ils sont tout simplement gênés.

Ils ont peur qu'on les rejette ou d'avoir l'air ridicule. Mais **si vous voulez jouer le jeu de la vie et être gagnant, il faut jouer à fond.**

Vous devez être prêt à vous sentir stupide et vous devez être disposé à tenter des expériences qui se solderont peut-être par un échec.

Sinon, comment pouvez-vous innover, comment pouvez-vous évoluer, comment pouvez-vous découvrir votre véritable identité ?

357

Au tréfonds de nous-mêmes, nous voulons tous agir selon notre conscience, nous surpasser, consacrer notre énergie, notre temps, nos émotions et notre capital à une cause noble.

Nous réagissons non seulement à nos besoins psychologiques, mais aussi à l'obligation morale de nous donner entièrement et de dépasser les attentes des autres.

Le don de soi procure une satisfaction sans pareille.

De quelle façon faites-vous preuve d'altruisme ?

358

Vous rendez-vous compte que si chaque personne en Amérique du Nord (sauf les très jeunes enfants ou les personnes âgées) travaillait bénévolement trois heures par semaine**, notre nation récolterait trois cent vingts millions d'heures de travail** consacrées aux causes qui nous sont les plus chères ?

Et si chacun d'entre nous travaillait bénévolement cinq heures par semaine, ce chiffre grimperait à un demi-milliard d'heures dont l'équivalent monétaire se chiffrerait en milliards de dollars.

Quels problèmes sociaux, politiques ou médicaux pensez-vous que nous pourrions résoudre en faisant preuve d'un tel engagement ?

359

Ne cherchez pas où se trouvent les héros. Soyez-en un !

360

La vie est une question d'équilibre entre donner et recevoir, entre prendre soin de soi-même et prendre soin des autres.

La prochaine fois que vous verrez quelqu'un en difficulté, au lieu de l'ignorer ou de vous sentir coupable et impuissant à l'aider, pensez plutôt à ce que vous pouvez faire et ressentez de l'enthousiasme.

Vous pouvez peut-être dire un mot gentil ou faire un sourire qui changera la perspective que cette personne a d'elle-même. Peut-être pouvez-vous aider cette personne à se sentir appréciée et aimée.

361

Vivez intensément chaque moment de la vie. Tentez toutes sortes d'expériences.

Prenez soin de vous-même et de vos amis. Amusez-vous, faites des folies, faites des choses bizarres.

Mettez même les pieds dans le plat ! De toute façon, vous finirez bien un jour par faire une gaffe. Autant vous amuser !

Saisissez l'occasion de tirer une leçon de vos erreurs. Analysez la cause de votre problème et éliminez-la.

N'essayez pas d'être parfait. Soyez simplement un excellent exemple de ce que peut devenir un être humain.

362

L'un des plus beaux cadeaux que nous ayons reçus de notre Créateur est le don du désir et du suspense.

La vie serait tellement ennuyeuse si nous savions à l'avance quelle tournure va prendre les événements.

Au cours des quelques heures qui vont suivre, quelque chose pourrait se produire qui pourrait changer en un instant toute l'orientation et la qualité de votre vie.

Nous devons apprendre à aimer le changement, car dans la vie c'est la seule chose certaine.

363

Qu'est-ce qui peut changer votre existence ? Bien des choses : un moment de réflexion intense et quelques décisions lorsque vous aurez fini de lire ce livre pourraient tout changer.

Une conversation avec un ami pourrait également modifier le cours de votre vie, une cassette audio ou un DVD, un séminaire, un film ou un bon gros « problème » qui vous pousse à évoluer et à vous dépasser. C'est cet éveil de la conscience que vous recherchez.

Ayez des attentes positives et sachez que tout ce qui se passe dans votre vie vous est bénéfique d'une certaine façon.

Sachez que l'on vous guide le long d'un chemin où vous apprendrez sans cesse, où vous évoluerez constamment et où vous trouverez l'amour éternel.

364

Attendez-vous toujours à des miracles…
car vous en êtes un vous-même.

365

Soyez porteur de lumière et soyez l'une des forces du bien.

Partagez vos talents.

Partagez votre passion. Et que Dieu vous bénisse.

J'espère avoir bientôt l'occasion de faire votre connaissance en personne !

Avec amour et respect,

Anthony Robbins

Quelques mots au sujet des entreprises Anthony Robbins

Les Entreprises Anthony Robbins (EAR) sont un organisme ombrelle regroupant diverses organisations qui s'acquittent de la même mission et se consacrent sans relâche à améliorer la qualité de vie des individus et celle des membres des organisations qui le désirent réellement. Les entreprises Anthony Robbins offrent des techniques de pointe dans la gestion du comportement humain et des émotions, permettant ainsi aux gens de découvrir la gamme infinie de choix qui s'offrent à eux et de mettre en pratique ces nouvelles méthodes.

Vous trouverez ci-dessous une liste de quelques-unes des ressources que notre organisation offre ainsi qu'à votre organisation. Pour plus de renseignements et pour vous procurer une liste complète des services et produits, veuillez appeler au: **1-800-445-8183**.

Robbins Research International, Inc. (RRI)
Cette branche des Entreprises Anthony Robbins se consacre à la recherche et à la mise en marché. Le RRI offre des séminaires destinés au grand public et aux entreprises dans le monde entier. On y aborde une vaste gamme de sujets tels que les peformances de très haut niveau, la saine gestion financière, les stratégies de négociation et la restructuration de sociétés.

La Fondation Anthony Robbins MC
La Fondation Anthony Robbins est une organisation à but non lucratif dont la mission est d'aider continuellement les personnes souvent délaissées par la société: les sans-abri, les personnes âgées et les prisonniers. Tous ceux qui participent aux efforts de la Fondation fournissent d'excellentes ressources visant à inspirer, éduquer et former ces membres importants de notre société.

Le Pouvoir personnel: programme de trente jours menant à la réussite MC
Le programme du Pouvoir personnel comporte vingt-quatre cassettes audio qui vous guident au cours d'un processus de perfectionnement de soi qui s'étend sur trente jours. Ce programme, subdivisé en étapes simples, est conçu dans le but de provoquer des changements bien précis sur le plan mental, affectif, physique et financier. Ces techniques et ces stratégies sont faciles à mettre en pratique sur-le-champ. Les progrès que vous ferez chaque jour rehausseront votre qualité de vie.

Le PowerTalk! MC d'Anthony Robbins
Chaque mois, Anthony Robbins réalise une entrevue avec l'un des hommes ou l'une des femmes ayant le plus brillamment réussi à notre époque (par exemple: Norman Cousins, Sir John Templeton, Ken Blanchard). Au cours de ces entrevues, il fait une synthèse des stratégies principales qui leur ont permis de se réaliser, qu'il s'agisse du domaine du leadership, de la vitalité physique et de la santé, ou de la réussite financière. Avec chaque nouvelle édition de PowerTalk! vous recevrez également une seconde cassette audio dans laquelle Anthony Robbins vous fait part de ses stratégies les plus récentes pour améliorer votre vie, sur les plans personnel et professionnel. Vous y trouverez également un résumé d'une vingtaine de pages d'un best-seller national qui vous permettra de rester à jour en ce qui a trait aux stratégies les plus récentes qui sont actuellement disponibles sur le marché.

Robbins Research International, Inc.
9888 Carroll Centre Road
San Diego, CA 92126 • 1-800-445-8183